VOICI NOTRE DIEU

VERS UNE CONNAISSANCE BIBLIQUE ET
PERSONNELLE DE DIEU

Saint-Ange Monestime

Voici notre Dieu : vers une connaissance biblique et personnelle de Dieu
© 2019 Publications Chrétiennes, Inc. Tous droits réservés.
Publié par Éditions Impact
230, rue Lupien, Trois-Rivières (Québec)
G8T 6W4 – Canada
Site Web : www.editionsimpact.org

Couverture et mise en pages : Rachel Major
Image de couverture : KGC studios

ISBN : 978-2-89082-355-6

Dépôt légal – 4ᵉ trimestre 2019
Bibliothèque et Archives nationales du Québec
Bibliothèque et Archives Canada

Éditions Impact » est une marque déposée de Publications Chrétiennes, Inc.

indication contraire, toutes les citations bibliques sont tirées de la Bible
1910.

« La vérité de l'Évangile a réellement trouvé son chemin dans le cœur de milliers d'Haïtiens. À l'image de la parabole du blé et de l'ivraie, cependant, les fausses doctrines et le syncrétisme religieux y ont également pris racine. Voilà pourquoi il est nécessaire d'enseigner les fondements solides de la foi chrétienne, à commencer par la connaissance biblique de Dieu. Dans cet ouvrage, l'auteur présente d'une manière claire et ordonnée le Dieu des Écritures, en s'appuyant abondamment sur des citations d'auteurs évangéliques parmi les plus respectés de notre époque. »

Gilles Despins (Th. D., Ph. D., D. Min.), doyen académique et professeur du programme de formation ProFAC en Haïti ; auteur du livre *La Bible Darby et son histoire*

« Ce livre s'inscrit dans la droite ligne de la tradition évangélique. Foisonnant de citations provenant de l'Écriture et d'éminents théologiens, son contenu peut servir à la préparation d'études bibliques et de sermons autant qu'à l'étude personnelle. Les leçons pratiques qui s'en dégagent font valoir à cet ouvrage son pesant d'or. »

Maxime Pierre-Pierre, pasteur, président du Séminaire Baptiste de Théologie d'Haïti

Je dédie ce livre à ma chère et tendre épouse, Evelyne, qui est une compagne fidèle et encourageante. Son amour, sa patience, sa générosité et son esprit de service me sont toujours d'un grand soutien. Elle prend toujours soin de moi et de nos deux enfants avec sacrifice et désintéressement. Je rends gloire à Dieu pour elle.

Je dédie ce livre aussi à mes deux enfants, Caleb et Jedida, qui font montre d'amour pour Dieu, leurs parents et leurs prochains.

Je dédie ce livre aussi à ma mère, Natividá Monestime, qui a fait montre d'un amour sacrificiel pour moi et pour tous ses enfants, ainsi qu'à mes sœurs, Anouse Noël, Simone Ménard, Miriam O'Rourke, et mon frère, Esténio Monestime, qui m'ont toujours supporté et encouragé.

Je dédie ce livre aussi à Micheler P. Tanis, un collègue et un pasteur, qui a été l'instrument de Dieu pour me conduire à la foi en Jésus-Christ en août 1985.

Je n'oublie pas les leaders et membres de l'Église Baptiste de l'Espoir de Cap-Haïtien (Haïti) et certains amis de l'Église Baptiste Haïtienne de la Nouvelle Jérusalem de Tampa (aux États-Unis) qui me demandent souvent de publier mes prédications bibliques dans des livres.

Je dédie ce livre à tous mes professeurs, qui m'ont inspiré durant mes années de préparation pour le ministère pastoral.

TABLE DES MATIÈRES

Remerciements 13
Introduction 15

CHAPITRE 1
UNE MEILLEURE CONNAISSANCE
BIBLIQUE DE NOTRE DIEU 21
A. La possibilité de connaître Dieu 23
   1. Il est possible de trouver Dieu 23
   2. Il est possible de connaître Dieu 23
B. Les raisons d'avoir une connaissance biblique de Dieu 25
   1. Nous devons connaître Dieu personnellement pour
      avoir la vie éternelle 25
   2. Nous devons connaître Dieu personnellement pour
      grandir spirituellement 26
   3. Nous devons connaître Dieu personnellement pour
      pratiquer la vraie adoration 26
   4. Nous devons connaître Dieu personnellement pour
      éviter son jugement 27
C. L'évidence d'une connaissance biblique de Dieu 28

1. Ceux qui connaissent leur Dieu font de leur mieux
   pour éviter tout compromis ... 28
2. Ceux qui connaissent leur Dieu préfèrent mourir
   plutôt que de lui désobéir ... 29
3. Ceux qui connaissent leur Dieu expérimentent sa paix
   malgré les circonstances difficiles ... 30
4. Ceux qui connaissent leur Dieu le tiennent en
   haute estime ... 32
5. Ceux qui connaissent leur Dieu possèdent une foi
   ferme en lui ... 33

CHAPITRE 2

LE DIEU OMNISCIENT ... 37

A. L'omniscience de Dieu : un message d'adoration ... 39
   1. Considérons l'exposition biblique de l'omniscience
      de Dieu ... 39
   2. Comparons la connaissance de l'homme à
      l'omniscience de Dieu ... 40
   3. Le Dieu trinitaire est omniscient ... 41
B. L'omniscience de Dieu : un message de consécration
   et de sanctification ... 43
C. L'omniscience de Dieu : un message de consolation ... 45

CHAPITRE 3

LE DIEU OMNIPOTENT ... 49

A. L'exposition biblique de l'omnipotence de Dieu ... 51
B. Les évidences convaincantes et bibliques de
   l'omnipotence de Dieu ... 53
   1. L'omnipotence de Dieu se manifeste à travers la
      création de l'univers et la création de l'homme ... 53

    2. L'omnipotence de Dieu se manifeste à travers des
        phénomènes naturels puissants 55
    3. L'omnipotence de Dieu se manifeste à travers la
        délivrance d'Israël du joug de l'Égypte 55
    4. L'omnipotence de Dieu se manifeste à travers la
        résurrection de Christ 57
    5. L'omnipotence de Dieu se manifeste à travers le
        salut d'un pécheur 57
C. L'enseignement pratique de l'omnipotence de Dieu 59

CHAPITRE 4

LE DIEU OMNIPRÉSENT 65

A. La signification de l'omniprésence de Dieu 66
    1. Ce qu'omniprésence ne signifie pas 66
    2. Ce que l'omniprésence de Dieu signifie 67
B. Le fait de l'omniprésence de Dieu 68
C. Le réconfort et la menace de l'omniprésence de Dieu 69

CHAPITRE 5

LE DIEU IMMUABLE 75

A. L'exposition biblique de la doctrine de l'immuabilité
    de Dieu 76
B. L'enseignement pratique de la doctrine de l'immuabilité
    de Dieu 80

CHAPITRE 6

LE DIEU SAINT 85

A. La signification de la sainteté de Dieu 87
B. L'expérience de la sainteté de Dieu 88
    1. L'expérience de Moïse (Exode 3.1-6) 89

2. L'expérience de Josué (Josué 5.13-15) 89
3. L'expérience d'Ésaïe (Ésaïe 6.1-7) 89
4. L'expérience de Pierre (Luc 5.1-8) 90
5. L'expérience de Saul de Tarse (Actes 9.1-6) 90
6. L'expérience de l'apôtre Jean (Apocalypse 1.9-20) 91
C. La manifestation de la sainteté de Dieu 92
D. Des leçons apprises de la sainteté de Dieu 95

CHAPITRE 7

LE DIEU SOUVERAIN 101

A. Explication de la souveraineté de Dieu 102
 1. Exposition biblique de la souveraineté de Dieu 102
 2. Manifestations de la souveraineté de Dieu 106
B. Discussion au sujet de la souveraineté de Dieu 107
C. Bénédictions et leçons associées à la souveraineté
 de Dieu 110

CHAPITRE 8

LE DIEU D'AMOUR 119

A. Les erreurs ou l'incompréhension au sujet de l'amour
 de Dieu 120
B. Les objets de l'amour de Dieu 123
C. Les manifestations ou expressions de l'amour de Dieu 125
D. Les qualités ou caractéristiques de l'amour de Dieu 128
E. Leçons apprises de l'amour de Dieu 132

CHAPITRE 9

LE DIEU GRACIEUX 137

A. Les caractéristiques de la grâce de Dieu 139
B. Les manifestations de la grâce de Dieu 141

C. La grâce de Dieu et le salut des hommes........................ 144
D. Leçons apprises de la grâce de Dieu................................ 148

CHAPITRE 10
LE DIEU FIDÈLE... 153
A. Description de la fidélité de Dieu.................................. 154
B. Manifestations de la fidélité de Dieu............................. 155
C. Démonstration de la fidélité de Dieu............................. 160
D. Leçons apprises de la fidélité de Dieu........................... 163

CHAPITRE 11
LE DIEU BON... 167
A. L'exposition biblique de la bonté de Dieu...................... 168
B. Les manifestations de la bonté de Dieu......................... 169
C. Les effets de la bonté de Dieu....................................... 175

CHAPITRE 12
LE DIEU JUSTE.. 179
A. Les catégories ou types de justice de Dieu.................... 180
   1. La justice punitive ou rétributrice de Dieu................. 181
   2. La justice rémunératrice.. 182
B. Les manifestations de la justice de Dieu....................... 183
C. Les leçons apprises de la justice de Dieu...................... 186

Conclusion... 189
Bibliographie.. 191
À propos de l'auteur.. 195

REMERCIEMENTS

Je remercie Romanne Présumé, Frantz S. Morisset et Joslin Fleuridor pour leurs recommandations après avoir pris du temps pour lire et éditer cet ouvrage.

Je remercie également Jackendy Étienne qui a pris du temps pour taper le manuscrit de cet ouvrage.

Je tiens à remercier enfin tous ceux et celles qui m'ont soutenu pour écrire et publier cet ouvrage.

INTRODUCTION

Le problème le plus sérieux des hommes de toutes les générations est le refus de connaître le vrai Dieu. Cependant, Dieu s'est clairement révélé à eux. Il s'est révélé à eux à travers la nature. Il est écrit dans le Psaume 19 : « Les cieux racontent la gloire de Dieu, et l'étendue manifeste l'œuvre de ses mains » (Ps 19.1). Paul a aussi écrit :

> ... car ce qu'on peut connaître de Dieu est manifeste pour eux, Dieu le leur ayant fait connaître. En effet, les perfections invisibles de Dieu, sa puissance éternelle et sa divinité, se voient comme à l'œil nu, depuis la création du monde, quand on les considère dans ses ouvrages. Ils sont donc inexcusables (Ro 1.19,20).

Dieu s'est aussi révélé aux hommes à travers la conscience. Dans la lettre de Paul aux Romains, nous lisons :

> Quand les païens, qui n'ont point la loi, font naturellement ce que prescrit la loi, ils sont, eux qui n'ont point la loi, une loi pour eux-mêmes ; ils montrent que l'œuvre de la loi est écrite dans leurs cœurs, leur conscience en rendant témoignage, et leurs pensées s'accusant ou se défendant tour à tour (Ro 2.14,15).

Dieu s'est aussi révélé à l'humanité par les Écritures. Si quelqu'un veut connaître qui est Dieu, il peut le faire à travers la Parole de Dieu. Jésus dit aux Juifs : « Vous sondez les Écritures, parce que vous pensez avoir en elles la vie éternelle : ce sont elles qui rendent témoignage de moi » (Jn 5.39).

Enfin, Dieu s'est révélé à travers la personne de Jésus-Christ. Le Nouveau Testament répète cette vérité très clairement. Dans l'Évangile selon Jean, Jésus nous dit :

> Si vous me connaissiez, vous connaîtriez aussi mon Père. Et dès maintenant vous le connaissez, et vous l'avez vu. Philippe lui dit : Seigneur, montre-nous le Père, et cela nous suffit. Jésus lui dit : Il y a si longtemps que je suis avec vous, et tu ne m'as pas connu, Philippe ! Celui qui m'a vu a vu le Père ; comment dis-tu : Montre-nous le Père ? Ne crois-tu pas que je suis dans le Père, et que le Père est en moi ? Les paroles que je vous dis, je ne les dis pas de moi-même ; et le Père qui demeure en moi, c'est lui qui fait les œuvres. Croyez-moi, je suis dans le Père, et le Père est en moi ; croyez du moins à cause de ces œuvres (Jn 14.7-11).

Dans son ouvrage intitulé *Introduction à la théologie*, Paul Enns expose les raisons pour lesquelles Dieu s'est révélé à travers son Fils :

> Pour restaurer l'humanité déchue dans la communion avec lui-même, il était essentiel que Dieu révèle le chemin du salut et de la réconciliation ; c'est pourquoi l'essence de cette révélation particulière est centrée sur la personne de Jésus-Christ. Il est présenté dans l'Écriture comme celui qui a fait connaître le Père (Jean 1.18). Bien que par le passé les hommes n'aient pas vu Dieu, « Jésus a désormais montré tout ce qu'il y a à savoir sur le Père ». Jésus a déclaré que ses paroles (Jean 6.63) et ses œuvres (Jean 5.36) ont démontré qu'il avait révélé le Père – et ses paroles comme ses œuvres sont notées avec

exactitude dans l'Écriture. Hébreux 1.3 indique que Christ est « le reflet de sa gloire et l'empreinte de sa personne » (Enns, 2009, p. 162).

Malgré les révélations claires de Dieu aux hommes, ils ont préféré adorer de faux dieux. Dans Romains 1.21-25, nous lisons :

> … car ayant connu Dieu, ils ne l'ont point glorifié comme Dieu, et ne lui ont point rendu grâces ; mais ils se sont égarés dans leurs pensées, et leur cœur sans intelligence a été plongé dans les ténèbres. Se vantant d'être sages, ils sont devenus fous ; et ils ont changé la gloire du Dieu incorruptible en images représentant l'homme corruptible, des oiseaux, des quadrupèdes, et des reptiles. C'est pourquoi Dieu les a livrés à l'impureté, selon les convoitises de leurs cœurs ; en sorte qu'ils déshonorent eux-mêmes leurs propres corps ; eux qui ont changé la vérité de Dieu en mensonge, et qui ont adoré et servi la créature au lieu du Créateur, qui est béni éternellement. Amen !

Beaucoup d'hommes, comme des Israélites au temps du prophète Jérémie, ont choisi d'adorer de faux dieux au lieu du vrai Dieu Créateur et soutien de toutes choses.

De même, le prophète Jérémie écrit :

> Y a-t-il une nation qui change ses dieux, quoiqu'ils ne soient pas des dieux ? Et mon peuple a changé sa gloire contre ce qui n'est d'aucun secours ! Cieux, soyez étonnés de cela ; frémissez d'épouvante et d'horreur ! dit l'Éternel. Car mon peuple a commis un double péché : Ils m'ont abandonné, moi qui suis une source d'eau vive, pour se creuser des citernes, des citernes crevassées, qui ne retiennent pas l'eau (Jé 2.11-13).

Puisque les hommes ne choisissent pas de connaître le vrai Dieu et de le servir, ils adorent de faux dieux et croient qu'il ne vaut pas plus qu'eux. Écoutez ce que l'envoyé du roi d'Assyrie dit au roi Ézéchias dans Ésaïe 36.18-20 :

Qu'Ézéchias ne vous séduise point, en disant : L'Éternel nous délivrera. Les dieux des nations ont-ils délivré chacun son pays de la main du roi d'Assyrie ? Où sont les dieux de Hamath et d'Arpad ? Où sont les dieux de Sepharvaïm ? Ont-ils délivré Samarie de ma main ? Parmi tous les dieux de ces pays, quels sont ceux qui ont délivré leur pays de ma main, pour que l'Éternel délivre Jérusalem de ma main ?

Le roi Ézéchias, qui connaissait son Dieu, exprimait clairement dans sa prière que l'Éternel est le seul vrai Dieu de l'univers, et qu'il est différent des autres dieux. Écoutez sa prière :

Éternel des armées, Dieu d'Israël, assis sur les chérubins ! C'est toi qui es le seul Dieu de tous les royaumes de la terre, c'est toi qui as fait les cieux et la terre. Éternel, incline ton oreille, et écoute ! Éternel, ouvre tes yeux, et regarde ! Entends toutes les paroles que Sanchérib a envoyées pour insulter le Dieu vivant ! Il est vrai, ô Éternel ! que les rois d'Assyrie ont ravagé tous les pays et leur territoire, et qu'ils ont jeté leurs dieux dans le feu ; mais ce n'étaient point des dieux, c'étaient des ouvrages de mains d'homme, du bois et de la pierre ; et ils les ont anéantis. Maintenant, Éternel, notre Dieu, délivre-nous de la main de Sanchérib, et que tous les royaumes de la terre sachent que toi seul es l'Éternel ! (És 37.16-20).

Les hommes, sans une expérience du salut par la grâce, ne connaissent pas Dieu ou ne le comprennent pas. Même certains vrais croyants ont parfois une mauvaise compréhension de Dieu. Dans son ouvrage intitulé *Be Skillful*, Warren Wiersbe écrit : « Nous étudions la Parole de Dieu pour pouvoir mieux connaître le Dieu de la Parole. Plus nous connaissons Dieu, plus nous devenons semblables à lui et plus nous acquérons des aptitudes dont nous avons besoin pour la vie et le service » (Wiersbe, 1995, p. 158, trad. libre). Voilà pourquoi nous vous présentons le présent ouvrage, *Voici notre Dieu* !

À travers ce livre, nous vous présenterons onze des attributs de Dieu pour vous aider à mieux connaître le Dieu de la Bible. Pour une définition des attributs de Dieu, citons cette déclaration de Paul Enns dans son ouvrage *Introduction à la théologie* :

> Les attributs de Dieu peuvent être définis comme étant « ces caractéristiques distinctes de la nature divine qui sont inséparables de l'idée de Dieu et qui constituent la base et le fondement des différentes façons dont il se manifeste à ses créatures » (Enns, 2009, p. 191).

Nous toucherons, dans presque chaque leçon, quatre éléments :

1. Une définition ou explication de l'attribut ;
2. Ce que la Bible dit de cet attribut ;
3. Comment se manifeste cet attribut ;
4. Des leçons apprises de cet attribut.

Nous espérons que ces leçons produiront un impact favorable sur votre vie et celle de vos amis, des membres de votre famille, des membres de votre assemblée, des étudiants de votre classe d'école du dimanche, des personnes de votre petit groupe. Que ces leçons vous aident à connaître Dieu personnellement, ou du moins, à mieux le connaître !

1

UNE MEILLEURE CONNAISSANCE BIBLIQUE DE NOTRE DIEU

Il séduira par des flatteries les traîtres de l'alliance. Mais ceux du peuple qui connaîtront leur Dieu agiront avec fermeté.

– Daniel 11.32*b*

La dernière partie de ce verset est vraiment intéressante : « Mais ceux du peuple qui connaîtront leur Dieu agiront avec fermeté. » Avoir une connaissance biblique de Dieu est la meilleure chose au monde. Le prophète Jérémie nous dit :

> Ainsi parle l'Éternel : Que le sage ne se glorifie pas de sa sagesse, que le fort ne se glorifie pas de sa force, que le riche ne se glorifie pas de sa richesse. Mais que celui qui veut se glorifier se glorifie d'avoir de l'intelligence et de me connaître, de savoir que je suis l'Éternel, qui exerce la bonté, le droit et la justice sur la terre ; car c'est à cela que je prends plaisir, dit l'Éternel (Jé 9.23,24).

Le prophète Osée écrit : « Car j'aime la miséricorde et non les sacrifices, et la connaissance de Dieu plus que les holocaustes » (Os 6.6).

L'apôtre Paul écrit :

> Mais ces choses qui étaient pour moi des gains, je les ai regardées comme une perte, à cause de Christ. Et même je regarde toutes choses comme une perte, à cause de l'excellence de la connaissance de Jésus-Christ mon Seigneur, pour lequel j'ai renoncé à tout ; je les regarde comme de la boue, afin de gagner Christ, et d'être trouvé en lui, non avec ma justice, celle qui vient de la loi, mais avec celle qui s'obtient par la foi en Christ, la justice qui vient de Dieu par la foi. Ainsi je connaîtrai Christ, et la puissance de sa résurrection, et la communion de ses souffrances, en devenant conforme à lui dans sa mort, pour parvenir, si je puis, à la résurrection d'entre les morts (Ph 3.7-11).

Connaître Christ était la chose la plus importante pour l'apôtre Paul. Ce devrait être de même pour tous ceux qui sont membres de la famille de Dieu. C'est vrai que la connaissance de Dieu est la meilleure chose au monde, mais beaucoup ne cherchent pas à connaître Dieu. D'autres ne font pas la différence entre « connaître Dieu » et « connaître certaines choses au sujet de Dieu » ou avoir des informations au sujet de Dieu. Nous pouvons connaître beaucoup de choses au sujet de Dieu ou faire beaucoup de choses pour Dieu sans vraiment connaître Dieu personnellement. Par exemple :

- Beaucoup s'intéressent à la théologie ;
- Beaucoup assistent régulièrement aux réunions de l'Église ;
- Beaucoup ont une bonne connaissance des doctrines bibliques ;
- Beaucoup passent des heures à prier et à jeûner ;
- Beaucoup s'impliquent dans le ministère de l'Église ;

- Beaucoup contribuent libéralement à l'œuvre du Seigneur ;
- Etc.

Il est possible de faire ces choses-là sans avoir une connaissance biblique de notre Dieu ! Nous pouvons avoir beaucoup d'informations au sujet d'une personne sans pour autant connaître la personne. Dans ce chapitre, nous allons montrer l'importance de connaître Dieu bibliquement.

A. La possibilité de connaître Dieu

Il est vrai que la Bible enseigne que Dieu est incompréhensible, mais il peut être connu. Job écrit : « Prétends-tu sonder les pensées de Dieu, parvenir à la connaissance parfaite du Tout-Puissant ? » (Job 11.7.) Ce Dieu incompréhensible peut être connu.

1. Il est possible de trouver Dieu

Le prophète Jérémie écrit : « Vous me chercherez, et vous me trouverez, si vous me cherchez de tout votre cœur » (Jé 29.13). Notre Dieu est *incompréhensible*, mais il est *trouvable*. Dans son ouvrage intitulé *La passion du Livre*, l'auteur américain John MacArthur écrit : « La destinée de l'homme est de chercher et de connaître ce Dieu qui a créé et soutient la vie. Le but primordial de l'existence de l'homme n'est atteint que lorsqu'il connaît Dieu. Or, sa recherche de Dieu doit commencer et finir dans les Écritures, car c'est là que Dieu s'est révélé » (MacArthur, 2000, p. 8).

2. Il est possible de connaître Dieu

Notre Dieu n'est pas impersonnel. Il est possible pour vous et moi de le connaître. Écoutez ce que dit Christ dans Jean 17.3 : « Or, la vie éternelle, c'est qu'ils te connaissent, toi le seul vrai Dieu, et celui que tu as envoyé, Jésus-Christ. » L'auteur David A. Noebel écrit :

Dire qu'on peut connaître Dieu, c'est aussi dire qu'il est un Dieu « de relations », ou qu'il a une personnalité – qu'il est « personnel ». La conscience, les émotions et le libre arbitre de Dieu constituent l'essentiel de sa personnalité divine. La Bible est catégorique lorsqu'elle décrit Dieu comme une personne consciente de ce qu'elle est. En Ésaïe 44.6, Dieu dit : « Je suis le premier et je suis le dernier, et en dehors de moi, il n'y a point de Dieu. » En Exode 3.14, Dieu dit à Moise : « Je suis Celui qui suis » (Noebel, 2003, p. 59).

Les titres mêmes que Dieu se donne montrent qu'on peut le connaître : Berger, Père, Conseiller. Notre Dieu est *incompréhensible*, mais il est *connaissable*. Charles C. Ryrie, dans son ouvrage intitulé *Basic Theology*, fait cette déclaration :

Les Écritures attestent deux faits : l'incompréhensibilité de Dieu et la connaissabilité de Dieu. Dire qu'il est incompréhensible, c'est déclarer que l'esprit ne peut appréhender la connaissance de Dieu. Dire qu'il est connaissable, c'est déclarer qu'il peut être connu. Les deux faits sont vrais, mais aucun ne l'est dans un sens absolu. Dire que Dieu est incompréhensible, c'est affirmer qu'on ne peut pas tout connaître au sujet de Dieu. Dire qu'il est connaissable ne consiste pas à affirmer que l'homme peut tout connaître au sujet de Dieu. Les deux vérités sont affirmées dans les Écritures : son incompréhensibilité, dans des versets comme Job 11.7 et Ésaïe 40.18, et sa connaissabilité, dans des versets comme Jean 14.7 ; 17.3 et 1 Jean 5.20 (Ryrie, 1999, p. 27, trad. libre).

John MacArthur, dans son livre *Worship: The Ultimate Priority*, pour expliquer comment il est possible aux hommes de connaître Dieu, fait la déclaration suivante :

Il n'est pas nécessaire d'ériger un autel à « un dieu inconnu », parce Dieu s'est rendu connaissable. Il s'est révélé lui-même à nous spécifiquement dans sa Parole. Il est une personne ; par conséquent, nous pouvons le connaître personnellement. Il est esprit, et nous pouvons le connaître dans le sens spirituel le plus profond. Il est l'unique, et il n'y a pas de compétition entre lui et les autres dieux. Il est la Trinité, travaillant pour nous comme un seul. Et il est le rémunérateur de tous ceux qui s'approchent de Dieu avec foi (MacArthur, 2012, p. 78, trad. libre).

B. Les raisons d'avoir une connaissance biblique de Dieu

Il y a plusieurs bonnes raisons pour lesquelles nous devons connaître Dieu bibliquement.

1. Nous devons connaître Dieu personnellement pour avoir la vie éternelle

Une connaissance biblique de Dieu conduit à la vie éternelle : « Or, la vie éternelle, c'est qu'ils te connaissent, toi le seul vrai Dieu, et celui que tu as envoyé, Jésus-Christ » (Jn 17.3). Par Jésus-Christ, nous pouvons connaître le Père pour être sauvés. L'apôtre Jean nous dit, dans 1 Jean 5.20,21*a* : « Nous savons aussi que le Fils de Dieu est venu, et qu'il nous a donné l'intelligence pour connaître le Véritable ; et nous sommes dans le Véritable, en son Fils Jésus Christ. C'est lui qui est le Dieu véritable, et la vie éternelle. » Dans cette même épître, Jean nous dit que ceux qui connaissent Dieu sont obéissants, et qu'ils aiment Dieu et les autres. Il écrit :

> Nous, nous sommes de Dieu ; celui qui connaît Dieu nous écoute ; celui qui n'est pas de Dieu ne nous écoute pas : c'est par là que nous connaissons l'esprit de la vérité et l'esprit de l'erreur. Bien-aimés, aimons-nous les uns les autres ; car l'amour est de Dieu, et quiconque aime est né de Dieu et connaît Dieu. Celui qui n'aime pas n'a pas connu Dieu, car Dieu est amour (1 Jn 4.6-8).

2. Nous devons connaître Dieu personnellement pour grandir spirituellement

Une connaissance biblique de Dieu encourage la croissance spirituelle. Dans 2 Pierre 3.17,18, il est écrit : « Vous donc, bien-aimés, qui êtes avertis, mettez-vous sur vos gardes, de peur qu'entraînés par l'égarement des impies, vous ne veniez à déchoir de votre fermeté. Mais croissez dans la grâce et dans la connaissance de notre Seigneur et Sauveur Jésus-Christ. À lui soit la gloire, maintenant et pour l'éternité ! Amen ! » Une connaissance biblique de Dieu vous aidera à connaître des doctrines bibliques et avoir un style de vie chrétien. Car « une conception correcte de Dieu est non seulement fondamentale à la théologie systématique, mais aussi à la vie chrétienne pratique » (Tozer, 1961, p. 2, trad. libre).

L'apôtre Jean, en parlant des niveaux de maturité des saints, a enseigné que les croyants matures, décrits comme « pères », ont une connaissance profonde de Dieu. Cependant, tous les vrais croyants ont une connaissance personnelle de Dieu. Il écrit :

> Je vous écris, petits enfants, parce que vos péchés vous sont pardonnés à cause de son nom. Je vous écris, pères, parce que vous avez *connu* celui qui est dès le commencement. Je vous écris, jeunes gens, parce que vous avez vaincu le malin. Je vous ai écrit, petits enfants, parce que vous avez *connu* le Père. Je vous ai écrit, pères, parce que vous avez *connu* celui qui est dès le commencement. Je vous ai écrit, jeunes gens, parce que vous êtes forts, et que la parole de Dieu demeure en vous, et que vous avez vaincu le malin (1 Jn 2.12-14, italiques ajoutés).

3. Nous devons connaître Dieu personnellement pour pratiquer la vraie adoration

Une connaissance biblique de Dieu aboutit à une vraie adoration. Le Seigneur Jésus dit dans Jean 4.23,24 : « Mais l'heure vient, et elle est déjà venue, où les vrais adorateurs adoreront le Père en esprit et en vérité ; car ce sont là les adorateurs que le Père demande. Dieu est Esprit, et il faut que ceux qui l'adorent l'adorent en esprit et en vérité. »

John MacArthur, dans son ouvrage intitulé *Worship: The Ultimate Priority*, écrit ce qui suit au sujet de la vraie adoration :

> Si notre adoration doit être significative, si elle doit être acceptable, nous devons chercher à concevoir Dieu comme il s'est révélé à nous. Une connaissance intime de la personne de Dieu est sans doute la plus grande motivation à une adoration vraie, pleine et complète. Quand nous commençons à connaître Dieu tel qu'il est, notre réponse doit consister à le magnifier, à lui donner gloire pour qui il est et ce qu'il fait pour nous (MacArthur, 2012, *op. cit.*, p. 78, trad. libre).

L'apôtre Paul écrit dans Romains 11.33-36 :

> Ô profondeur de la richesse, de la sagesse et de la science de Dieu ! Que ses jugements sont insondables, et ses voies incompréhensibles ! Car qui a connu la pensée du Seigneur, ou qui a été son conseiller ? Qui lui a donné le premier, pour qu'il ait à recevoir en retour ? C'est de lui, par lui, et pour lui que sont toutes choses. À lui la gloire dans tous les siècles ! Amen !

4. Nous devons connaître Dieu personnellement pour éviter son jugement

Une connaissance biblique de Dieu nous éloignera du jugement de Dieu. Le prophète Osée écrit : « Mon peuple est détruit, parce qu'il lui manque la connaissance. Puisque tu as rejeté la connaissance, je te rejetterai, et tu seras dépouillé de mon sacerdoce ; puisque tu as oublié la loi de ton Dieu, j'oublierai aussi tes enfants » (Os 4.6). L'auteur de l'épître aux Hébreux nous dit : « Car, si nous péchons volontairement après avoir reçu la connaissance de la vérité, il ne reste plus de sacrifice pour les péchés, mais une attente terrible du jugement et l'ardeur d'un feu qui dévorera les rebelles » (Hé 10.26,27). C'est vraiment important de connaître Dieu.

Peut-être que certains se demandent : « Comment pouvons-nous connaître personnellement le Dieu de la Bible ? » La Bible nous dit clairement que nous pouvons le connaître par son Fils Jésus-Christ. L'auteur John MacArthur l'exprime avec justesse dans son ouvrage intitulé *La passion du Livre* :

> Comme Dieu est un être personnel, il *veut* que nous le connaissions et ayons une relation avec lui. Comme Dieu est un être moral, il veut nous traiter de façon juste. Comme il est la source, le soutien et la fin de toute la création, notre destinée dépend de notre relation avec lui. Fait extraordinaire, nous pouvons avoir une relation réelle avec le Dieu qui parle – mais seulement de la manière dont il s'est révélé dans sa Parole, la Bible. Jésus affirme : « Je suis le chemin, la vérité, et la vie. Nul ne vient au Père que par moi » (Jean 14.6). L'apôtre Pierre déclare : « Il n'y a de salut en aucun autre ; car il n'y a sous le ciel aucun autre nom qui ait donné parmi les hommes, par lequel nous devions être sauvés » (Actes 4.12) (MacArthur, 2000, *op. cit.*, p. 9).

C. L'évidence d'une connaissance biblique de Dieu

Relisons Daniel 11.32 : « Ceux […] qui connaîtront leur Dieu agiront avec fermeté ». Dans le livre de Daniel, nous voyons clairement le comportement ou l'action de ceux qui connaissent leur Dieu. Devant les profanations d'Antiochus et de ses soldats, ceux qui connaissent Dieu agiront avec fermeté.

1. Ceux qui connaissent leur Dieu font de leur mieux pour éviter tout compromis

Daniel et ses amis refusent de se souiller par les mets et le vin du roi. La Bible nous dit : « Daniel résolut de ne pas se souiller par les mets du roi et par le vin dont le roi buvait, et il pria le chef des eunuques de ne pas l'obliger à se souiller. Dieu fit trouver à Daniel faveur et grâce devant le chef des eunuques » (Da 1.8,9). Plusieurs affirment qu'ils connaissent Dieu, mais ils lui désobéissent devant les avantages de ce monde :

- La renommée et le prestige ;
- La popularité ;
- La position ;
- Le succès et la prospérité ;
- La promotion ;
- Les choses matérielles (une maison, une voiture, un emploi, etc.).

2. Ceux qui connaissent leur Dieu préfèrent mourir plutôt que de lui désobéir

La Bible rapporte des cas où des serviteurs de Dieu ont préféré subir des tourments, des tribulations, des persécutions et même la mort plutôt que de désobéir à leur Dieu. C'était le cas des trois jeunes Hébreux, Schadrac, Méschac et Abed-Nego, qui répliquèrent au roi Nebucadnetsar : « Nous n'avons pas besoin de te répondre là-dessus. Voici, notre Dieu que nous servons peut nous délivrer de la fournaise ardente, et il nous délivrera de ta main, ô roi. Sinon, sache, ô roi, que nous ne servirons pas tes dieux, et que nous n'adorerons pas la statue d'or que tu as élevée » (Da 3.16-18).

La réponse de Pierre et de Jean aux anciens d'Israël et aux scribes est aussi un exemple de personnes qui connaissent leur Dieu : « Et les ayant appelés, ils leur défendirent absolument de parler et d'enseigner au nom de Jésus. Pierre et Jean leur répondirent : Jugez s'il est juste, devant Dieu, de vous obéir plutôt qu'à Dieu ; car nous ne pouvons pas ne pas parler de ce que nous avons vu et entendu » (Ac 4.18-20). Ceux qui connaissent leur Dieu lui sont loyaux.

3. Ceux qui connaissent leur Dieu expérimentent sa paix malgré les circonstances difficiles

Les trois jeunes Hébreux, amis de Daniel, expérimentaient la paix de Dieu malgré les menaces du roi. Dans Daniel 3.14, il est écrit :

> Nebucadnetsar prit la parole et leur dit : Est-ce de propos délibéré, Schadrac, Méschac et Abed-Nego, que vous ne servez pas mes dieux, et que vous n'adorez pas la statue d'or que j'ai élevée ? Maintenant tenez-vous prêts, et au moment où vous entendrez le son de la trompette, du chalumeau, de la guitare, de la sambuque, du psaltérion, de la cornemuse, et de toutes sortes d'instruments, vous vous prosternerez et vous adorerez la statue que j'ai faite ; si vous ne l'adorez pas, vous serez jetés à l'instant même au milieu d'une fournaise ardente. Et quel est le dieu qui vous délivrera de ma main ?

Ces trois hommes croyaient fermement en la souveraineté de leur Dieu. Écoutez-les dans Daniel 3.17,18 : « Voici, notre Dieu que nous servons peut nous délivrer de la fournaise ardente, et il nous délivrera de ta main, ô roi. Sinon, sache, ô roi, que nous ne servirons pas tes dieux, et que nous n'adorerons pas la statue d'or que tu as élevée. »

Les commentateurs du *Moody Bible Commentary* ont fait l'observation suivante au sujet de la foi de ces trois hommes :

> Ils affirmaient que leur Dieu pouvait les délivrer ou choisir de ne pas les délivrer. C'était son choix. Leur foi n'était pas limitée à la croyance en un miracle, mais incluait aussi la souveraineté de Dieu. Ils déclaraient que si Dieu choisissait de ne pas les délivrer de ce châtiment et les laissait devenir des martyrs pour lui, ils refuseraient encore de servir *les dieux du roi et d'adorer sa statue d'or*. C'est l'une des plus puissantes déclarations de foi de toute la Bible. Ils ont fait confiance à l'Éternel pour décider de leur destinée tandis qu'ils lui demeuraient fidèles (Rydelnik et Vanlaningham, 2014, p. 1289, trad. libre).

Daniel, le serviteur de l'Éternel, a expérimenté la paix de Dieu malgré les menaces de mort des envieux et des jaloux. Lorsqu'il a appris qu'un décret avait été signé par le roi pour l'empêcher de prier son Dieu, il a réagi avec foi et paix. Il a prié son Dieu. « Lorsque Daniel sut que le décret était écrit, il se retira dans sa maison, où les fenêtres de la chambre supérieure étaient ouvertes dans la direction de Jérusalem ; et trois fois le jour il se mettait à genoux, il priait, et il louait son Dieu, comme il le faisait auparavant » (Da 6.10).

De même, Paul et Silas ont expérimenté la paix de Dieu au milieu d'une prison à Philippes. Tandis qu'ils étaient en proie aux mauvais traitements, ils chantaient et louaient leur Dieu qui a le contrôle souverain de toutes circonstances et toutes situations. Luc, le médecin, décrit ainsi la scène dans Actes 16.23-25 :

> Après qu'on les eut chargés de coups, ils les jetèrent en prison, en recommandant au geôlier de les garder sûrement. Le geôlier, ayant reçu cet ordre, les jeta dans la prison intérieure, et leur mit les ceps aux pieds. Vers le milieu de la nuit, Paul et Silas priaient et chantaient les louanges de Dieu, et les prisonniers les entendaient.

Ceux qui connaissent personnellement leur Dieu peuvent expérimenter la paix même au milieu de grandes épreuves et tribulations. Dans le huitième chapitre de l'épître de Paul aux Romains, nous lisons des paroles d'assurance. Notez certains versets :

> Nous savons, du reste, que toutes choses concourent au bien de ceux qui aiment Dieu, de ceux qui sont appelés selon son dessein (Ro 8.28).

> Que dirons-nous donc à l'égard de ces choses ? Si Dieu est pour nous, qui sera contre nous ? Lui, qui n'a point épargné son propre Fils, mais qui l'a livré pour nous tous, comment ne nous donnera-t-il pas aussi toutes choses avec lui ? Qui accusera les élus de Dieu ? C'est

Dieu qui justifie ! Qui les condamnera ? Christ est mort ; bien plus, il est ressuscité, il est à la droite de Dieu, et il intercède pour nous ! Qui nous séparera de l'amour de Christ ? Sera-ce la tribulation, ou l'angoisse, ou la persécution, ou la faim, ou la nudité, ou le péril, ou l'épée ? (Ro 8.31-35.)

Mais dans toutes ces choses nous sommes plus que vainqueurs par celui qui nous a aimés. Car j'ai l'assurance que ni la mort ni la vie, ni les anges, ni les dominations, ni les choses présentes ni les choses à venir, ni les puissances, ni la hauteur, ni la profondeur, ni aucune autre créature ne pourra nous séparer de l'amour de Dieu manifesté en Jésus-Christ notre Seigneur (Ro 8.37-39).

Paul, dans son épître aux Philippiens, a démontré que les saints peuvent expérimenter la paix même au milieu des situations et des circonstances désastreuses. Il écrit :

J'ai éprouvé une grande joie dans le Seigneur de ce que vous avez pu enfin renouveler l'expression de vos sentiments pour moi ; vous y pensiez bien, mais l'occasion vous manquait. Ce n'est pas en vue de mes besoins que je dis cela, car j'ai appris à être content dans l'état où je me trouve. Je sais vivre dans l'humiliation, et je sais vivre dans l'abondance. En tout et partout j'ai appris à être rassasié et à avoir faim, à être dans l'abondance et à être dans la disette. Je puis tout par celui qui me fortifie (Ph 4.10-13).

Ceux qui connaissent leur Dieu ne cèdent pas à la panique ou ne se laissent pas intimider devant les menaces, les circonstances ou les mauvaises nouvelles.

4. *Ceux qui connaissent leur Dieu le tiennent en haute estime*

Ceux qui ont une connaissance personnelle de Dieu ont une très haute opinion à son sujet. Cette fois encore, le prophète Daniel constitue un excellent modèle. Écoutez-le exprimer sa révérence envers Dieu dans Daniel 2.20-22 :

> Daniel prit la parole et dit : Béni soit le nom de Dieu, d'éternité en éternité ! À lui appartiennent la sagesse et la force. C'est lui qui change les temps et les circonstances, qui renverse et qui établit les rois, qui donne la sagesse aux sages et la science à ceux qui ont de l'intelligence. Il révèle ce qui est profond et caché, il connaît ce qui est dans les ténèbres, et la lumière demeure avec lui. Dieu de mes pères, je te glorifie et je te loue de ce que tu m'as donné la sagesse et la force, et de ce que tu m'as fait connaître ce que nous t'avons demandé, de ce que tu nous as révélé le secret du roi.

Nous trouverons des pensées similaires dans Daniel 9.4,7,9,14.

5. Ceux qui connaissent leur Dieu possèdent une foi ferme en lui

L'Ancien Testament cite d'autres personnes qui ont fait montre d'une grande foi en raison de leur connaissance personnelle de Dieu. Parmi elles se trouve le prophète Élie. Il a démontré une foi inébranlable dans sa lutte contre un roi, une reine et un peuple idolâtres, et aux yeux des faux prophètes qui, après avoir invoqué Baal, ne sont pas parvenus à faire brûler leur sacrifice.

Sa grande foi en Dieu est manifeste dans ses actions et sa prière :

> Élie dit alors à tout le peuple : Approchez-vous de moi ! Tout le peuple s'approcha de lui. Et Élie rétablit l'autel de l'Éternel, qui avait été renversé. Il prit douze pierres d'après le nombre des tribus des fils de Jacob, auquel l'Éternel avait dit : Israël sera ton nom ; et il bâtit avec ces pierres un autel au nom de l'Éternel. Il fit autour de l'autel un fossé de la capacité de deux mesures de semence. Il arrangea le bois, coupa le taureau par morceaux, et le plaça sur le bois. Puis il dit : Remplissez d'eau quatre cruches, et versez-les sur l'holocauste

et sur le bois. Il dit : Faites-le une seconde fois. Et ils le firent une seconde fois. Il dit : Faites-le une troisième fois. Et ils le firent une troisième fois. L'eau coula autour de l'autel, et l'on remplit aussi d'eau le fossé. Au moment de la présentation de l'offrande, Élie, le prophète, s'avança et dit : Éternel, Dieu d'Abraham, d'Isaac et d'Israël ! que l'on sache aujourd'hui que tu es Dieu en Israël, que je suis ton serviteur, et que j'ai fait toutes ces choses par ta parole ! Réponds-moi, Éternel, réponds-moi, afin que ce peuple reconnaisse que c'est toi, Éternel, qui es Dieu, et que c'est toi qui ramènes leur cœur ! Et le feu de l'Éternel tomba, et il consuma l'holocauste, le bois, les pierres et la terre, et il absorba l'eau qui était dans le fossé. Quand tout le peuple vit cela, ils tombèrent sur leur visage et dirent : C'est l'Éternel qui est Dieu ! C'est l'Éternel qui est Dieu ! (1 R 18.30-39.)

Voilà le Dieu de la Bible, le Dieu que les vrais chrétiens adorent. Il mérite notre consécration réelle, notre service fidèle, notre adoration sincère et notre confiance totale. Walter B. Knight, dans son ouvrage intitulé *Knight's Master Book of 4,000 Illustrations*, a écrit, et pour cause :
Pouvez-vous dire :

Le service de Christ est l'affaire de ma vie
La volonté de Christ est la loi de ma vie
La présence de Christ est la joie de ma vie
La gloire de Christ est la couronne de ma vie ?
(Knight, 1956, p. 110, trad. libre.)

Posez-vous la question suivante : est-ce que je connais vraiment le Dieu de la Bible ? Votre réponse est-elle affirmative ? La Bible nous dit que ceux qui ne connaissent pas Dieu seront jetés dans l'enfer éternel :

Car il est de la justice de Dieu de rendre l'affliction à ceux qui vous affligent, et de vous donner, à vous qui êtes affligés, du repos avec nous, lorsque le Seigneur Jésus apparaîtra du ciel avec les anges de sa puissance, au milieu d'une flamme de feu, pour punir ceux qui ne connaissent pas Dieu et ceux qui n'obéissent pas à l'Évangile de notre Seigneur Jésus (2 Th 1.6-8).

Quelles évidences voyez-vous dans votre vie qui prouvent que vous le connaissez ? L'auteur Walter B. Knight, dans son livre *Knight's Master 4,000 Illustrations*, fait allusion à l'épitaphe suivante gravée sur un ancien bloc dans la cathédrale de Luebeck, en Allemagne, et intitulée « Christ parle » :

Ainsi nous parle Christ notre Seigneur :
Vous m'appelez Maître, et vous ne m'obéissez pas.
Vous m'appelez Lumière, et vous ne me voyez pas.
Vous m'appelez Chemin, et vous ne marchez pas en moi.
Vous m'appelez Bon, et vous ne m'aimez pas.
Vous m'appelez Riche, et vous ne me demandez pas.
Vous m'appelez Éternel, et vous ne me cherchez pas.
Vous m'appelez Gracieux, et vous ne croyez pas en moi.
Vous m'appelez Juste, et vous ne me craignez pas.
Si je vous condamne, ne me blâmez pas.
(*Ibid.*, p. 112, trad. libre.)

Connaissez-vous vraiment Dieu ? Voulez-vous le connaître à travers Christ ? Une connaissance biblique de Dieu exige une vraie repentance de ses péchés et un engagement réel à croire en Christ et en Christ seul comme Seigneur et Sauveur.

2

LE DIEU OMNISCIENT

Car si notre cœur nous condamne, Dieu est plus grand que notre cœur, et il connaît toutes choses.

– 1 Jean 3.20

Nous vous invitons à adorer le Dieu omniscient. L'apôtre Jean nous dit : « Car si notre cœur nous condamne, Dieu est plus grand que notre cœur, et il connaît toutes choses » (1 Jn 3.20). On peut lire des déclarations sur l'omniscience de Dieu, un autre attribut de Dieu, dans plusieurs textes des Écritures.

Quand nous parlons de l'omniscience de Dieu, nous voulons dire que Dieu connaît tout. Il a une connaissance parfaite et totale de tout. Dieu n'a jamais appris et ne le fera jamais. A. W. Tozer, cité par Charles C. Ryrie dans son livre intitulé *Basic Theology*, écrit :

> Dieu connaît instantanément et sans effort toute chose et toutes les choses, toute intelligence et chaque intelligence, tout esprit et tous les esprits, tout être et chaque être, toute la création et toutes les créatures, chaque pluralité et toutes les pluralités, toutes les lois et chaque loi, toute relation, toute cause, toute pensée, tout mystère, toute énigme, tout sentiment, tout désir, chaque secret caché, tout trône et toute domination, toute personnalité, toutes choses visibles

et invisibles dans le ciel et sur la terre, le mouvement, l'espace, le temps, la vie, la mort, le bien, le mal, le ciel et l'enfer. Parce que Dieu connaît toutes choses parfaitement, il ne connaît pas une chose mieux qu'une autre, mais il connaît toutes choses également bien. Il ne découvre jamais une chose. Il n'est jamais surpris, jamais étonné. Il ne s'est jamais émerveillé de quelque chose et il ne cherche jamais de l'information ; il ne pose jamais de questions (excepté quand il permet aux hommes de parler librement pour leur propre bien) (Ryrie, *op. cit.*, p. 47, trad. libre).

Notre Dieu connaît toutes choses. Tous les hommes devraient chercher à le connaître personnellement et à l'adorer sincèrement.

Paul Enns, dans son livre intitulé *Introduction à la théologie*, a dit : « Dieu connaît toutes les choses réelles et possibles, passées, présentes et futures, en un seul acte éternel » (Enns, *op. cit.*, p. 198). Il a aussi noté les quatre éléments suivants au sujet de l'omniscience de Dieu :

1) Dieu sait tout ce qui existe en réalité (Ps 139.1-6 ; 147.4 ; Mt 6.8 ; 10.28-30). 2) Dieu connaît toutes les possibilités de ce qui n'est pas encore arrivé. 3) Dieu connaît tous les événements à venir. Puisque Dieu est éternel et qu'il connaît toutes choses dans un seul acte éternel, les événements qui sont futurs aux yeux de l'homme ne sont qu'un éternel « maintenant » pour Dieu. 4) Dieu possède une connaissance intuitive. Elle est immédiate et ne vient pas des sens ; elle est simultanée et ne provient pas d'un effort d'observation ni de raisonnement ; elle est réelle, complète et correspond à la réalité (*ibid.*).

Augustus H. Strong écrit : « Par l'omniscience de Dieu, nous entendons la connaissance parfaite et éternelle que Dieu possède de toutes choses qui soient matière à connaissance, qu'elles soient actuelles, ou possibles, passées, présentes ou futures » (Strong, 1979, p. 283, trad. libre). L'omniscience de Dieu transmet au moins trois messages : un message d'adoration, un message de consécration et de sanctification, et un message de consolation.

A. L'omniscience de Dieu : un message d'adoration

Pour vous aider à comprendre ce message transmis par l'omniscience de Dieu, nous ferons deux choses. Nous considérerons d'abord comment l'omniscience de Dieu est exposée dans les pages de la Bible et comparerons ensuite l'omniscience de Dieu à la connaissance de l'homme.

1. Considérons l'exposition biblique de l'omniscience de Dieu

Les Écritures présentent de façon claire l'omniscience de Dieu. David déclare, dans le Psaume 139 :

> Éternel ! Tu me sondes et tu me connais, tu sais quand je m'assieds et quand je me lève, tu pénètres de loin ma pensée ; tu sais quand je marche et quand je me couche, et tu pénètres toutes mes voies. Car la parole n'est pas sur ma langue, que déjà, ô Éternel ! tu la connais entièrement. Tu m'entoures par derrière et par devant, et tu mets ta main sur moi. Une science aussi merveilleuse est au-dessus de ma portée, elle est trop élevée pour que je puisse la saisir (Ps 139.1-6).

L'apôtre Paul, après avoir exposé des vérités sur le plan de salut de Dieu pour Israël et pour les hommes en général, s'exclame :

> Ô profondeur de la richesse, de la sagesse et de la science de Dieu ! Que ses jugements sont insondables, et ses voies incompréhensibles ! Car qui a connu la pensée du Seigneur, ou qui a été son conseiller ? Qui lui a donné le premier, pour qu'il ait à recevoir en retour ? C'est de lui, par lui, et pour lui que sont toutes choses. À lui la gloire dans tous les siècles ! Amen ! (Ro 11.33-36.)

Le psalmiste déclare, dans le Psaume 147, que Dieu est omniscient. Il écrit : « Il compte le nombre des étoiles, il leur donne à toutes des noms. Notre Seigneur est grand, puissant par sa force, son intelligence n'a point de limite » (Ps 147.4,5). L'apôtre Jean, dans son exhortation aux saints, déclare que Dieu est omniscient. Il est écrit dans 1 Jean 3.20 : « Car si notre cœur nous condamne, Dieu est plus grand que notre cœur, et il connaît toutes choses. »

Ces textes que nous venons de citer nous disent clairement que Dieu est omniscient. Ils affirment que :

- La connaissance de Dieu est absolument totale et exhaustive.
- Dieu a une connaissance parfaite de tout ce qui est dans la nature, de tout ce qui se passe dans l'expérience humaine, de tout ce qui arrive dans l'histoire humaine.
- Dieu sait d'éternité en éternité ce qui arrivera.

2. Comparons la connaissance de l'homme à l'omniscience de Dieu

Cette génération expérimente une explosion de connaissances dans divers domaines : sciences, littérature, philosophie, histoire, géographie, etc. De nombreux ouvrages paraissent constamment.

- Les experts possèdent certaines notions dans leur domaine précis, mais Dieu a une connaissance parfaite de toutes choses.
- Les hommes, malgré leur grande connaissance dans plusieurs domaines, sont ignorants de beaucoup de choses.
- Nous voyageons sur la lune, mais ne comprenons pas et ne pouvons pas expliquer comment une abeille (ou une guêpe) peut voler.

- Nous pouvons transplanter des organes humains (le cœur, par exemple), mais ne pouvons pas traiter certaines maladies qui semblent simples, comme un rhume commun.
- Nous pouvons faire la guerre, déclencher des guerres et créer des armes de guerre, mais nous ignorons comment faire la paix. Car la vraie paix vient du Prince de la paix, Jésus-Christ.
- Nous cherchons à conquérir l'espace extérieur, mais ne pouvons pas conquérir l'intérieur, le vrai nous.

3. Le Dieu trinitaire est omniscient

Comme le Père, le Fils et le Saint-Esprit sont également omniscients. Certains passages du Nouveau Testament enseignent clairement que Jésus-Christ, la deuxième personne de la Sainte Trinité, est omniscient. Il savait où se trouvaient les poissons. Il dit à Pierre :

> Avance en pleine eau, et jetez vos filets pour pêcher. Simon lui répondit : Maître, nous avons travaillé toute la nuit sans rien prendre ; mais, sur ta parole, je jetterai le filet. L'ayant jeté, ils prirent une grande quantité de poissons, et leur filet se rompait. Ils firent signe à leurs compagnons qui étaient dans l'autre barque de venir les aider. Ils vinrent, et ils remplirent les deux barques, au point qu'elles enfonçaient (Lu 5.5-7).

Le Seigneur Jésus-Christ prouve son omniscience quand il révèle aux scribes l'objet de leurs pensées. Il sait ce qui se passe au-dedans des hommes. Matthieu le rapporte ainsi :

> Jésus, étant monté dans une barque, traversa la mer, et alla dans sa ville. Et voici, on lui amena un paralytique couché sur un lit. Jésus, voyant leur foi, dit au paralytique : Prends courage, mon enfant, tes péchés sont pardonnés. Alors, quelques scribes dirent au dedans d'eux : Cet homme blasphème. Et Jésus, connaissant leurs pensées,

dit : Pourquoi avez-vous de mauvaises pensées dans vos cœurs ? (Mt 9.1-4.)

Le Seigneur Jésus connaissait aussi, parmi des milliers de poissons de la mer, celui qui avait la pièce d'argent dans sa bouche. Écoutez les paroles qu'il adresse à Pierre :

> Que t'en semble, Simon ? Les rois de la terre, de qui perçoivent-ils des tributs ou des impôts ? De leurs fils, ou des étrangers ? Il lui dit : Des étrangers. Et Jésus lui répondit : Les fils en sont donc exempts. Mais, pour ne pas les scandaliser, va à la mer, jette l'hameçon, et tire le premier poisson qui viendra ; ouvre-lui la bouche, et tu trouveras un statère. Prends-le, et donne-le-leur... (Mt 17.25-27.)

Si la Bible dit que Jésus grandit en sagesse, qu'il ne sait pas le moment de sa seconde venue, c'est là le mystère de l'incarnation. Quand vous essayez de penser à l'omniscience de Dieu, ne voulez-vous pas adorer ce grand Dieu ? Dieu est omniscient, adorez-le ! Savez-vous ce qui va se passer demain ? Non. Cependant, Dieu connaît tout ce qui arrivera demain, tout l'avenir et toute l'éternité future. Adorez ce Dieu omniscient !

Le Saint-Esprit, la troisième personne de la Sainte Trinité, prouve son omniscience dans la façon dont il a puni de mort Ananias et Saphira à cause de leur mensonge. Luc, le médecin, rapporte :

> Pierre lui dit : Ananias, pourquoi Satan a-t-il rempli ton cœur, au point que tu mentes au Saint-Esprit, et que tu aies retenu une partie du prix du champ ? S'il n'avait pas été vendu, ne te restait-il pas ? Et, après qu'il a été vendu, le prix n'était-il pas à ta disposition ? Comment as-tu pu mettre en ton cœur un pareil dessein ? Ce n'est pas à des hommes que tu as menti, mais à Dieu (Ac 5.3,4).

B. L'omniscience de Dieu : un message de consécration et de sanctification

La Bible dit que Dieu connaît toutes choses. Dans Psaumes 139.1-12, il est possible de noter au moins six faits au sujet de l'omniscience de Dieu.

Premièrement, *le Dieu omniscient voit nos actions*. Il observe régulièrement tout ce que les hommes font partout dans le monde. Le psalmiste écrit : « Tu sais quand je m'assieds et quand je me lève » (v. 2*a*). En d'autres mots, rien n'est caché aux yeux de l'Éternel. Par conséquent, c'est une perte de temps et une marque d'ignorance au sujet de Dieu d'essayer d'agir en secret.

Deuxièmement, *le Dieu omniscient lit et comprend toutes nos pensées*. Le psalmiste poursuit avec ces mots : « Tu pénètres de loin ma pensée » (v. 2*b*). Notre Dieu omniscient connaît toutes nos pensées, qu'elles soient bonnes ou mauvaises. Il lit nos pensées d'envie, d'immoralité, de jalousie, d'égoïsme, d'orgueil, de cupidité, etc. Il n'y a pas d'hypocrisie pour Dieu. Il connaît notre cœur. Il sait quand nous sommes sincères et quand nous ne le sommes pas. Il sait si notre adoration est sincère ou non. C'est pourquoi Jésus-Christ adresse ces mots d'exhortation au peuple juif en reprenant les paroles du prophète Esaïe : « Hypocrites, Ésaïe a bien prophétisé sur vous, quand il a dit : Ce peuple m'honore des lèvres, mais son cœur est éloigné de moi. C'est en vain qu'ils m'honorent, en enseignant des préceptes qui sont des commandements d'hommes » (Mt 15.7-9).

Troisièmement, *le Dieu omniscient connaît toutes nos habitudes*. Il est écrit : « Tu sais quand je m'assieds et quand je me lève… Tu sais quand je marche et quand je me couche » (v. 2). Puisque Dieu connaît toutes nos habitudes, nous devons développer de bonnes habitudes. Avez-vous de bonnes habitudes ou des habitudes pécheresses ?

Quatrièmement, *le Dieu omniscient inspecte, observe et connaît nos voies*. Au verset 3b, le psalmiste dit également : « Et tu pénètres toutes mes voies. » Il voit et considère les chemins que nous empruntons. Êtes-vous sur une bonne ou une mauvaise voie ?

Cinquièmement, *le Dieu omniscient écoute ou entend nos paroles*. Nous lisons au verset 4 : « Car la parole n'est pas sur ma langue, que déjà, ô Éternel ! Tu la connais entièrement. » Il les connaît et les comprend avant même que nous les prononcions. Quels mots répétez-vous ? Des mots d'adoration, de réconfort, d'instruction, d'édification ou des mots de malédiction ?

Sixièmement, *le Dieu omniscient nous regarde partout* où nous sommes. Le psalmiste écrit :

> Où irais-je loin de ton Esprit, et où fuirais-je loin de ta face ? Si je monte aux cieux, tu es là ; si je me couche au séjour des morts, te voilà. Si je prends les ailes de l'aurore, et que j'aille habiter à l'extrémité de la mer, là aussi ta main me conduira, et ta droite me saisira. Si je dis : Au moins les ténèbres me couvriront, la nuit devient lumière autour de moi ; même les ténèbres ne sont pas obscures pour toi, la nuit brille comme le jour, et les ténèbres comme la lumière (v. 7-12).

Bien que ces versets parlent également de l'omniprésence de Dieu, nous pouvons y voir aussi son omniscience. Dieu sait toujours où nous sommes. Que nous soyons aux cieux, aux séjours des morts, à l'extrémité de la terre, dans les ténèbres, dans la lumière, etc.

L'omniscience de Dieu devrait conduire chaque incroyant à se repentir et à croire en Christ. Elle devrait motiver chaque chrétien à mener une vie consacrée et sanctifiée. Chacun devrait dire : « Dieu voit mes actions, lit mes pensées, connaît mes habitudes, inspecte mes chemins, entend mes paroles et rien n'échappe à son regard. Par conséquent, je vais m'engager à mener une vie de consécration et de sanctification. » Dans Hébreux 4.13, nous lisons : « Nulle créature n'est cachée devant lui, mais tout est nu et découvert aux yeux de celui à qui nous devons rendre compte. » Puisque nous devrons rendre des comptes à Dieu, nous devons mener une vie de consécration et de sanctification.

C. L'omniscience de Dieu : un message de consolation

Notre Dieu connaît toutes choses. Une telle connaissance devrait effrayer tous ceux qui ne connaissent pas Dieu. Si l'omniscience est une menace pour les méchants, pour tous ceux qui commettent l'iniquité, et pour tous les inconvertis en général, elle est une consolation pour les chrétiens, et ce, dans plusieurs domaines.

L'omniscience de Dieu est une consolation quand nous reconnaissons qu'il connaît nos problèmes. Il connaît nos souffrances, nos tristesses, nos persécutions. Les paroles de Dieu à Moïse dans Exode 3 devraient être encourageantes et réconfortantes non seulement pour Moïse, mais aussi pour tout le peuple d'Israël et tous les croyants.

> L'Éternel dit : J'ai vu la souffrance de mon peuple qui est en Égypte, et j'ai entendu les cris que lui font pousser ses oppresseurs, car je connais ses douleurs. Je suis descendu pour le délivrer de la main des Égyptiens, et pour le faire monter de ce pays dans un bon et vaste pays, dans un pays où coulent le lait et le miel, dans les lieux qu'habitent les Cananéens, les Héthiens, les Amoréens, les Phéréziens, les Héviens et les Jébusiens. Voici, les cris d'Israël sont venus jusqu'à moi, et j'ai vu l'oppression que leur font souffrir les Égyptiens (3.7-9).

C'est vraiment un grand réconfort de savoir que Dieu voit et connaît nos problèmes.

Dans Apocalypse 2.9, l'apôtre Jean écrit le message suivant de la part du Seigneur Jésus à l'Église de Smyrne :

Je connais ton affliction et ta pauvreté (bien que tu sois riche), et les calomnies de la part de ceux qui se disent Juifs et ne le sont pas, mais qui sont une synagogue de Satan. Ne crains pas ce que tu vas souffrir. Voici, le diable jettera quelques-uns d'entre vous en prison, afin que vous soyez éprouvés, et vous aurez une tribulation de dix jours. Sois fidèle jusqu'à la mort, et je te donnerai la couronne de vie.

Notre Dieu connaît nos épreuves, nos tristesses et nos tribulations.

L'omniscience de Dieu est une consolation quand nous reconnaissons qu'il connaît tout ce qui va nous arriver. Rien ne prend Dieu par surprise. Rien ne peut nous arriver par chance ou par hasard. Parce qu'il est omniscient, il planifie notre vie. C'est pourquoi l'apôtre Paul peut dire : « Nous savons, du reste, que toutes choses concourent au bien de ceux qui aiment Dieu, de ceux qui sont appelés selon son dessein » (Ro 8.28).

L'omniscience de Dieu est une consolation quand nous reconnaissons que Dieu connaît même les circonstances ou les situations inexplicables de la vie auxquelles nous faisons face. Puisqu'il connaît toutes choses, nous pouvons chercher refuge en lui. Car il connaît et comprend toutes les circonstances. Nous ne les connaissons pas, mais notre Dieu sait tout.

L'omniscience de Dieu est une consolation quand nous sommes empêchés de faire ce que nous voulons. Il sait tout. Il arrive parfois que nous ne trouvions pas de mots justes pour remercier Dieu, pour le prier, mais il sait toutes choses, et il comprend. Parfois, nous avons le désir de faire une chose pour Dieu, mais nous en sommes empêchés. Dieu sait toutes choses, et il comprend. Parfois, nous voulons contribuer à l'œuvre du Seigneur, mais nous ne le pouvons pas. Dieu sait toutes choses, et il comprend.

L'omniscience de Dieu est une consolation quand nous reconnaissons que Dieu connaît nos besoins, et qu'il comprend notre langue et notre façon de nous exprimer. Dans Matthieu 6.31,32,

Christ nous exhorte à ne pas nous inquiéter : « Ne vous inquiétez donc point, et ne dites pas : Que mangerons-nous ? Que boirons-nous ? De quoi serons-nous vêtus ? Car toutes ces choses, ce sont les païens qui les recherchent. Votre Père céleste sait que vous en avez besoin. » Dieu comprend notre langage, et il n'a pas besoin d'interprètes. Robert Dick, un érudit chrétien, a appris quarante langues anciennes et rares pour mieux résoudre les difficultés de certains versets de l'Ancien Testament. Cependant, Dieu connaît et comprend toutes les langues.

L'omniscience de Dieu est une consolation quand nous reconnaissons qu'il oublie nos péchés confessés et abandonnés. Comment un Dieu omniscient arrive-t-il à oublier nos péchés ? Je ne sais pas. Tout ce que je sais, c'est que Dieu oublie mes péchés. Il ne me jugera ni pour les péchés commis avant ma conversation ni pour ceux commis après ma conversion si je les ai confessés. Quelle merveilleuse grâce ! Avez-vous ce Dieu pour Père ? Sinon, vous pouvez le connaître aujourd'hui même à travers Christ.

3

LE DIEU OMNIPOTENT

Lorsque Abram fut âgé de quatre-vingt-dix-neuf ans, l'Éternel apparut à Abram, et lui dit : Je suis le Dieu Tout-Puissant. Marche devant ma face, et sois intègre.

– Genèse 17.1

L'un des attributs que Dieu seul possède est l'omnipotence ou toute-puissance. Les trois personnes de la Sainte Trinité possèdent cette qualité : le Père, le Fils, le Saint-Esprit. Que signifie « omnipotence » ?

Le mot « omnipotence » veut dire toute-puissance. Quand nous disons que Dieu est omnipotent ou tout-puissant, nous voulons dire que Dieu possède une puissance infinie. Il régit sa création et il exerce son pouvoir sur toutes choses. Rien ne surpasse sa puissance. Personne n'est aussi puissant ou plus puissant que lui. Rien n'est trop difficile pour lui. Il peut tout faire.

Dieu ne peut rien faire qui aille à l'encontre de ses vertus morales et de son caractère. Par exemple :

- *Il ne peut mentir.* Moïse nous dit : « Dieu n'est point un homme pour mentir, ni fils d'un homme pour se repentir.

Ce qu'il a dit, ne le fera-t-il pas ? Ce qu'il a déclaré, ne l'exécutera-t il pas ? » (No 23.19.)

- *Il ne peut se renier lui-même.* L'apôtre Paul écrit : « si nous sommes infidèles, il demeure fidèle, car il ne peut se renier lui-même » (2 Ti 2.13).
- *Il ne peut tolérer le péché ni le regarder avec faveur.* Le prophète Habakuk déclare : « N'es-tu pas de toute éternité, Éternel, mon Dieu, mon Saint ? Nous ne mourrons pas ! Ô Éternel, tu as établi ce peuple pour exercer tes jugements ; ô mon rocher, tu l'as suscité pour infliger tes châtiments. Tes yeux sont trop purs pour voir le mal, et tu ne peux pas regarder l'iniquité » (1.12,13*a*).
- *Il ne peut jurer par un plus grand juge que lui-même.* L'auteur de l'épître aux Hébreux écrit : « Lorsque Dieu fit la promesse à Abraham, ne pouvant jurer par un plus grand que lui, il jura par lui-même, et dit : Certainement, je te bénirai et je multiplierai ta postérité » (6.13,14).
- *Il ne peut vieillir ou mourir.* Il est la source éternelle de la vie (Jé 10.10 ; Jn 5.26).

En parlant des choses que le Dieu omnipotent ne peut faire, R. C. Sproul, dans son ouvrage intitulé *Renouvelez vos repères*, écrit ce qui suit :

L'Écriture mentionne certaines choses que Dieu ne peut faire.

- Il est la source éternelle de la vie, et à ce titre, il ne peut mourir (Jr 10.10 ; Jn 5.26).
- Il ne peut pas être imparfait (2 S 22.31 ; Mt 5.48).
- Il ne peut revenir sur ses déclarations ni changer ses plans (Ps 33.11 ; Es 46.10 ; Jc 1.17).
- Il ne peut pas mentir (Tit 1.2 ; Hé 6.18).

(Sproul, 2001, p. 51.)

Henry C. Thiessen, dans son livre *Esquisse de théologie biblique*, écrit :

> Dieu est tout-puissant et il peut faire tout ce qu'il veut. Étant donné que sa volonté est limitée par sa nature, il peut faire tout ce qui est en harmonie avec ses perfections. Il y a certaines choses que Dieu ne peut pas faire parce qu'elles sont contraires à sa nature en tant que Dieu. Il ne peut pas jeter un regard favorable sur l'iniquité (Ha 1.13), se renier lui-même (2 Ti 2.13), mentir (Tit 1.2 ; Hé 6.18), tenter ou être tenté par le péché (Ja 1.13). De plus, il ne peut pas faire des choses absurdes ou contradictoires, comme faire un esprit matériel, une pierre sensible, un cercle carré, ou faire en sorte que le mal soit bien. Ce ne sont pas des démonstrations de puissance et elles ne peuvent par conséquent dénoter une limitation de l'omnipotence de Dieu (Thiessen, 1987, p. 95).

Toutes ces limites n'affectent pas son omnipotence. Notre Dieu est tout-puissant.

A. L'exposition biblique de l'omnipotence de Dieu

Les auteurs de la Bible ont clairement exposé la doctrine de l'omnipotence de Dieu. Citons quelques textes :

- « Je suis le Dieu Tout-Puissant, marche devant ma face et sois intègre » (Ge 17.1).
- « Y a-t-il quelque chose qui soit étonnant de la part de l'Éternel ? » (Ge 18.14.)
- « Je reconnais que tu peux tout, et que rien ne s'oppose à tes pensées » (Job 42.2).
- « Dieu a parlé une fois ; deux fois j'ai entendu ceci : c'est que la force est à Dieu » (Ps 62.12).

- « Car qui, dans le ciel, peut se comparer à l'Éternel ? Qui est semblable à toi parmi les fils de Dieu ? » (Ps 89.7.)
- « Ah ! Seigneur Éternel, voici tu as fait les cieux et la terre par ta grande puissance et par ton bras étendu. Rien n'est étonnant de ta part » (Jé 32.17).
- « Aux hommes cela est impossible, mais à Dieu tout est possible » (Mt 19.26).
- « Car rien n'est impossible à Dieu » (Lu 1.37).

Notre Dieu est tout-puissant. Il peut tout faire. Dans le Nouveau Testament, nous trouvons plusieurs textes qui parlent du pouvoir infini de Dieu. Notre Dieu est capable.

- Il a le pouvoir d'édifier et de donner l'héritage avec tous les sanctifiés (Ac 20.32).
- Il a le pouvoir de nous combler de toutes sortes de grâces (2 Co 9.8).
- Il a le pouvoir de s'assujettir toutes choses (Ph 3.21).
- Il a le pouvoir d'aider ceux qui sont tentés (Hé 2.18).
- Il a le pouvoir de sauver parfaitement ceux qui s'approchent de lui (Hé 7.25).
- Il a le pouvoir de nous préserver de toute chute et de nous faire paraître devant sa gloire irréprochables et dans l'allégresse (Jud 24).

Nous pouvons lire dans les pages des Écritures que Dieu est omnipotent. R. C. Sproul, dans son ouvrage *Renouvelez vos repères,* écrit :

> Les Israélites adoraient Dieu comme le Tout-Puissant. Le fait de ne pas être seulement « puissant », mais « tout-puissant » le différenciait des faux dieux païens. Son pouvoir s'étend sur toute la création. Il n'est cependant pas le Dieu de la tempête, même si celle-ci donne

un aperçu de son pouvoir terrifiant. Il n'est pas non plus le Dieu de la fertilité, mais c'est cependant lui qui contrôle la succession des saisons. Il n'est pas le Dieu de la guerre, comme Mars, mais aucune armée ne pourrait lui résister. Il est vraiment tout-puissant» (Sproul, *op. cit.*, p. 50).

Notre Dieu est omnipotent. Il est capable. Il peut tout faire. Il peut sauver, guérir, protéger, délivrer, pourvoir à nos besoins. Nous n'avons pas besoin de craindre ce que les hommes peuvent nous faire. Rien ne peut nous arriver sans que Dieu l'ait voulu. Nous, les chrétiens, sommes immortels et invincibles sur cette terre jusqu'à ce que nous terminions le travail que Dieu nous a confié. Dieu peut contrôler les émotions, l'intellect et la volonté de nos ennemis pour qu'ils ne touchent pas même un cheveu de nos têtes. Souvenez-vous des mages d'Orient qui s'étaient rendus chez Hérode pour trouver Jésus (Mt 2.1-16). Pourquoi n'a-t-il pas envoyé des soldats avec eux pour trouver Jésus ? Tout simplement parce que le Tout-Puissant contrôlait son intellect et sa volonté. Nous vous invitons à adorer le Dieu Tout-Puissant !

B. Les évidences convaincantes et bibliques de l'omnipotence de Dieu

Quand vous lisez la Bible, vous voyez comment Dieu y démontre sa puissance. La puissance de Dieu est évidente.

1. L'omnipotence de Dieu se manifeste à travers la création de l'univers et la création de l'homme

Dieu a créé les cieux et la terre à partir de rien. Il les a créés seulement avec sa parole. La Bible déclare : « Au commencement, Dieu créa les cieux et la terre » (Ge 1.1). Pensez à la puissance qui orne les cieux d'étoiles, de planètes et de galaxies !

Dieu a créé le corps humain avec la poussière. Moïse nous dit : « L'Éternel Dieu forma l'homme de la poussière de la terre, il souffla dans ses narines un souffle de vie et l'homme devint une âme vivante » (Ge 2.7). La Bible nous dit qu'il a créé l'homme à son image : « Dieu créa l'homme à son image, il le créa à l'image de Dieu, il créa l'homme et la femme » (Ge 1.27). Voyez-vous la complexité du corps humain ? Observez le fonctionnement du corps humain. David écrit :

> C'est toi qui as formé mes reins, qui m'as tissé dans le sein de ma mère. Je te loue de ce que je suis une créature si merveilleuse. Tes œuvres sont admirables, et mon âme le reconnaît bien. Mon corps n'était point caché devant toi, lorsque j'ai été fait dans un lieu secret, tissé dans les profondeurs de la terre. Quand je n'étais qu'une masse informe, tes yeux me voyaient ; et sur ton livre étaient tous inscrits les jours qui m'étaient destinés, avant qu'aucun d'eux existe (Ps 139.13-16).

Réfléchissons ensemble un moment :

- Pensons à la puissance qui tient la matière ensemble et qui soutient l'univers (Col 1.17 ; Hé 1.3).
- Pensons à la puissance qui maintient les planètes dans leur orbite.
- Pensons à la puissance qui préserve et protège les créatures et toutes choses.
- Pensons à la puissance qui nous garde en vie malgré les attaques répétées du diable.
- Pensons à la puissance qui donne la nourriture à toutes créatures dans le monde entier.
- Pensons à la puissance qui contrôle tous les hommes et toutes choses.

- Pensons à la puissance qui répond à la prière de millions de personnes en même temps.

Ces choses devraient nous pousser à crier : « Ô Dieu, tu es tout-puissant ! » La puissance de Dieu est vraiment manifeste.

2. L'omnipotence de Dieu se manifeste à travers des phénomènes naturels puissants

L'omnipotence de Dieu est visible à travers des phénomènes puissants qui surviennent dans la nature. Quand de tels événements se produisent, tous sont en mesure d'observer une force surnaturelle à l'œuvre, même ceux qui ne sont pas de vrais adorateurs. La toute-puissance de Dieu est révélée à travers les déluges, les feux, les tremblements de terre, les éruptions volcaniques, les tempêtes, les cyclones, les vagues de la mer, etc.

Notez ce qui se passait quand Dieu descendait de la montagne du Sinaï pour parler au peuple d'Israël :

> Le troisième jour au matin, il y eut des tonnerres, des éclairs, et une épaisse nuée sur la montagne ; le son de la trompette retentit fortement ; et tout le peuple qui était dans le camp fut saisi d'épouvante. Moïse fit sortir le peuple du camp, à la rencontre de Dieu ; et ils se placèrent au bas de la montagne. Le mont Sinaï était tout en fumée, parce que l'Éternel y était descendu au milieu du feu ; cette fumée s'élevait comme la fumée d'une fournaise, et toute la montagne tremblait avec violence (Ex 19.16-18).

3. L'omnipotence de Dieu se manifeste à travers la délivrance d'Israël du joug de l'Égypte

La façon dont Dieu a choisi de délivrer le peuple d'Israël des Égyptiens prouve sa toute-puissance. Les miracles qu'il a opérés pour forcer Pharaon à laisser partir son peuple prouvent qu'il est vraiment tout-puissant. Notons les passages suivants décrivant la délivrance de Dieu :

> Qui est comme toi parmi les dieux, ô Éternel ? Qui est comme toi magnifique en sainteté, digne de louanges, opérant des prodiges ? Tu as étendu ta droite : la terre les a engloutis. Par ta miséricorde tu as conduit, tu as délivré ce peuple ; par ta puissance tu le diriges vers la demeure de ta sainteté. Les peuples l'apprennent, et ils tremblent : la terreur s'empare des Philistins ; les chefs d'Édom s'épouvantent ; un tremblement saisit les guerriers de Moab ; tous les habitants de Canaan tombent en défaillance. La crainte et la frayeur les surprendront ; par la grandeur de ton bras ils deviendront muets comme une pierre, jusqu'à ce que ton peuple soit passé, ô Éternel ! Jusqu'à ce qu'il soit passé, le peuple que tu as acquis (Ex 15.11-16).

Dans Deutéronome, nous lisons :

> Les Égyptiens nous maltraitèrent et nous opprimèrent, et ils nous soumirent à une dure servitude. Nous criâmes à l'Éternel, le Dieu de nos pères. L'Éternel entendit notre voix, et il vit notre oppression, nos peines et nos misères. Et l'Éternel nous fit sortir d'Égypte, à main forte et à bras étendu, avec des prodiges de terreur, avec des signes et des miracles (De 26.6-8).

Le Psaume 114 évoque ces délivrances :

> Quand Israël sortit d'Égypte, quand la maison de Jacob s'éloigna d'un peuple barbare, Juda devint son sanctuaire, Israël fut son domaine. La mer le vit et s'enfuit, le Jourdain retourna en arrière ; les montagnes sautèrent comme des béliers, les collines comme des agneaux. Qu'as-tu, mer, pour t'enfuir, Jourdain, pour retourner en arrière ? Qu'avez-vous, montagnes, pour sauter comme des béliers, et vous, collines, comme des agneaux ? Tremble devant le Seigneur, ô terre ! Devant le Dieu de Jacob, qui change le rocher en étang, le roc en source d'eaux.

Le Psaume 18 constitue un autre bon exemple démontrant la toute-puissance de Dieu.

4. L'omnipotence de Dieu se manifeste à travers la résurrection de Christ

L'apôtre Paul, dans sa prière pour les croyants d'Éphèse, évoque la puissance de Dieu dans la résurrection de Christ. Il écrit :

> Et quelle est envers nous qui croyons l'infinie grandeur de sa puissance, se manifestant avec efficacité par la vertu de sa force. Il l'a déployée en Christ, en le ressuscitant des morts, et en le faisant asseoir à sa droite dans les lieux célestes, au-dessus de toute domination, de toute autorité, de toute puissance, de toute dignité, et de tout nom qui peut être nommé, non seulement dans le siècle présent, mais encore dans le siècle à venir (Ép 1.19-21).

Il semble que Satan et tous ses démons s'asseyaient devant le tombeau de Christ pour l'empêcher, s'il leur était possible, d'être ressuscité. Cependant, Dieu est intervenu avec puissance et a repoussé les armées de l'enfer. Le Seigneur Jésus, par sa mort et sa résurrection, a triomphé du diable et de ses démons. Paul l'explique en ces termes : « Il a effacé l'acte dont les ordonnances nous condamnaient et qui subsistait contre nous, et il l'a éliminé en le clouant à la croix ; il a dépouillé les dominations et les autorités, et les a livrées publiquement en spectacle, en triomphant d'elles par la croix » (Col 2.14,15).

5. L'omnipotence de Dieu se manifeste à travers le salut d'un pécheur

Une autre évidence explicite de la toute-puissance de Dieu est la façon dont il sauve le pécheur. Le salut éternel est l'un des plus grands miracles jamais opérés par notre Dieu. Personne ne peut expliquer et comprendre totalement comment un pécheur passe du royaume des ténèbres au royaume du Seigneur Jésus au moment de la conversion chrétienne. Paul a déclaré dans Colossiens 1.12,13 : « Rendez grâces au Père, qui vous a rendus capables d'avoir part à l'héritage des saints dans la lumière ; il nous a délivrés de la puissance des ténèbres et nous a transportés dans le royaume de son Fils bien-aimé, en qui nous avons la rédemption, le pardon des péchés » (Col 1.12-14).

Dans son enseignement sur la puissance que Dieu possède pour sauver les perdus, John MacArthur écrit dans son ouvrage *Worship: The Ultimate Priority* :

> La puissance de Dieu est clairement visible dans son pouvoir de racheter les perdus. À vrai dire, sa puissance est plus merveilleuse dans la rédemption que dans la création même, parce qu'il n'a rencontré aucune opposition au cours de la création : aucun diable à assujettir, aucune loi à réduire au silence, pas de mort à conquérir, de péché à pardonner, d'enfer à fermer, de mort sur la croix à souffrir » (MacArthur, 2012, *op. cit.*, p. 89, trad. libre).

Pensons au salut d'un homme cupide comme Zachée auquel Jésus dit : « Le salut est entré aujourd'hui dans cette maison, parce que celui-ci est aussi un fils d'Abraham. Car le Fils de l'homme est venu chercher et sauver ce qui était perdu » (Lu 19.9,10). Pensons au salut de Saul de Tarse, un homme qui persécutait et jetait les croyants en prison, et duquel le Seigneur Jésus lui-même rend ce témoignage : « Va, car cet homme est un instrument que j'ai choisi, pour porter mon nom devant les nations, devant les rois, et devant les fils d'Israël ; et je lui montrerai tout ce qu'il doit souffrir pour mon nom » (Ac 9.15,16). Cet homme a connu une transformation si spectaculaire que plusieurs ont été étonnés de l'entendre prêcher l'Évangile qu'il s'était auparavant efforcé de combattre :

Et aussitôt il prêcha dans les synagogues que Jésus est le Fils de Dieu. Tous ceux qui l'entendaient étaient dans l'étonnement, et disaient : N'est-ce pas celui qui persécutait à Jérusalem ceux qui invoquent ce nom, et n'est-il pas venu ici pour les emmener liés devant les principaux sacrificateurs ? Cependant Saul se fortifiait de plus en plus, et il confondait les Juifs qui habitaient Damas, démontrant que Jésus est le Christ (Ac 9.20-22).

Pensons à notre salut personnel et éternel, et à l'alternative qui consiste à mourir sans Christ. Pensons à la manière dont nous sommes devenus croyants et aux grands changements que Dieu a opérés dans nos vies. Pensons à la merveilleuse grâce de Dieu, qui nous a sauvés au moment opportun. Chaque croyant qui est véritablement sauvé a un témoignage vivant au sujet de la toute-puissance de Dieu dans son salut. Nous devrions pouvoir nous exclamer : « Ô Dieu, tu es tout-puissant ! »

> John Wesley prêchait un jour dans un quartier malfamé de Londres où des gens venaient se divertir. Pendant qu'il prêchait à une grande foule, deux hommes qui avaient l'habitude de fréquenter cet endroit ont ramassé des pierres pour le frapper. John Wesley parlait alors de la puissance de Dieu. Or, en levant le bras pour lancer leurs pierres contre lui, ces deux hommes ont aperçu son visage rayonnant et transformé, et saisis de peur, ont laissé tomber les pierres de leurs mains. Ils se sont alors dit l'un à l'autre : « Il n'est pas un homme ». À la fin de la réunion, l'un d'eux a touché le vêtement de Wesley et a déclaré : « Bill, c'est un homme, mais un homme comme Dieu » (Knight, *op. cit.*, p. 478, trad. libre).

Notre Dieu est omnipotent.

C. L'enseignement pratique de l'omnipotence de Dieu

La doctrine de l'omnipotence de Dieu, l'un de ses attributs, nous enseigne plusieurs leçons pratiques.

Première leçon pratique : *personne ne peut combattre Dieu avec succès*. Il est vraiment ironique et même tragique de voir un homme, une créature humaine, quels que soient sa position, son rang social, son pouvoir, sa popularité et son éducation, essayer de combattre Dieu, le Créateur de l'univers. Voilà pourquoi Pharaon a lamentablement échoué et a été englouti dans la mer. Le cantique de Moïse et des enfants d'Israël après la traversée de la mer Rouge témoigne de la toute-puissance de Dieu. Lisez une partie de ce cantique :

> Alors Moïse et les enfants d'Israël chantèrent ce cantique à l'Éternel. Ils dirent : Je chanterai à l'Éternel, car il a fait éclater sa gloire ; il a précipité dans la mer le cheval et son cavalier. L'Éternel est ma force et le sujet de mes louanges ; c'est lui qui m'a sauvé. Il est mon Dieu : je le célébrerai ; il est le Dieu de mon père : je l'exalterai. L'Éternel est un vaillant guerrier ; l'Éternel est son nom. Il a lancé dans la mer les chars de Pharaon et son armée ; ses combattants d'élite ont été engloutis dans la mer Rouge. Les flots les ont couverts : ils sont descendus au fond des eaux, comme une pierre. Ta droite, ô Éternel ! a signalé sa force ; ta droite, ô Éternel ! a écrasé l'ennemi. Par la grandeur de ta majesté tu renverses tes adversaires ; Tu déchaînes ta colère : elle les consume comme du chaume (Ex 15.1-7).

Connaissant l'omnipotence de Dieu, Saul de Tarse a bien répondu et a posé la bonne question au Seigneur Jésus, la deuxième personne de la Trinité : « Il répondit : Qui es-tu, Seigneur ? Et le Seigneur dit : Je suis Jésus que tu persécutes. Il te serait dur de regimber contre les aiguillons. Tremblant et saisi d'effroi, il dit : Seigneur, que veux-tu que je fasse ? Et le Seigneur lui dit : Lève-toi, entre dans la ville, et on te dira ce que tu dois faire » (Ac 9.5,6). Il s'est soumis immédiatement au Seigneur omnipotent. Cette réponse devrait être celle de tout incroyant à l'appel au salut que lui adresse le Seigneur Jésus.

Deuxième leçon pratique : *les vrais convertis sont du côté de l'omnipotence divine, et par conséquent, ils sont au rang des gagnants*. Tous ceux qui sont devenus enfants de Dieu sont en sécurité parfaite et éternelle sous la toute-puissance de Dieu. Absolument rien ne peut leur arriver sans la permission de Dieu. Nul ne peut parvenir à attaquer les enfants de Dieu sans sa permission : aucune autorité, aucune créature, personne. Même Satan ne pouvait toucher Job sans la permission de l'Éternel (Job 1.12 ; 2.6). C'était peut-être la vérité de l'omnipotence de Dieu qui a poussé Paul à déclarer : « Que dirons-nous donc à l'égard de ces choses ? Si Dieu est pour nous, qui sera contre nous ? » (Ro 8.31.) « Quel réconfort de savoir que rien dans cet univers n'est plus grand que notre Dieu ! Même les forces naturelles et humaines les plus puissantes sont sujettes à son contrôle » (MacArthur, 2009, *op. cit.*, p. 203, trad. libre).

Troisième leçon pratique : *certes, nous ne serons jamais omnipotents, mais nous pouvons accomplir des choses qui sont au-delà de nos forces lorsque nous nous attachons à Christ*. C'est pourquoi l'apôtre Paul a pu faire ces deux déclarations :

> Trois fois j'ai prié le Seigneur de l'éloigner de moi, et il m'a dit : Ma grâce te suffit, car ma puissance s'accomplit dans la faiblesse. Je me glorifierai donc bien plus volontiers de mes faiblesses, afin que la puissance de Christ repose sur moi. C'est pourquoi je me plais dans les faiblesses, dans les outrages, dans les calamités, dans les persécutions, dans les détresses, pour Christ ; car, quand je suis faible, c'est alors que je suis fort (2 Co 12.8-10).

> Je sais vivre dans l'humiliation, et je sais vivre dans l'abondance. En tout et partout j'ai appris à être rassasié et à avoir faim, à être dans l'abondance et à être dans la disette. Je puis tout par celui qui me fortifie (Ph 4.12,13).

Quatrième leçon pratique : *nous pouvons être consolés et réconfortés sachant que notre Dieu peut faire tout ce qui est en harmonie avec son caractère.* Cela signifie que rien n'est impossible au Dieu Créateur qui est le Père de tous les vrais croyants. Par conséquent, nous sommes confiants que le Dieu tout-puissant peut nous guérir quand nous sommes malades, nous délivrer quand nous sommes en danger, nous protéger quand des ennemis nous attaquent, pourvoir à nos besoins quand nous avons des problèmes, nous fortifier quand nous sommes faibles et nous donner la paix quand nous sommes troublés.

Le prophète Ésaïe, écrivant sur l'omnipotence de Dieu, a déclaré :

> Ne le sais-tu pas ? Ne l'as-tu pas appris ? C'est le Dieu d'éternité, l'Éternel, qui a créé les extrémités de la terre ; il ne se fatigue point, il ne se lasse point ; on ne peut sonder son intelligence. Il donne de la force à celui qui est fatigué, et il augmente la vigueur de celui qui tombe en défaillance. Les adolescents se fatiguent et se lassent, et les jeunes hommes chancellent ; mais ceux qui se confient en l'Éternel renouvellent leur force. Ils prennent leur vol comme les aigles ; ils courent, et ne se lassent point, ils marchent, et ne se fatiguent point (És 40.28-31).

Cinquième leçon pratique : *nous devons adorer le Dieu omnipotent avec révérence et humilité.* Car il est grand et tout-puissant ! Il humilie et abaisse ceux qui refusent de l'adorer avec révérence et humilité. Anne l'exprime ainsi dans son cantique de louange et d'actions de grâce, après la naissance de son premier fils, Samuel :

> Mon cœur se réjouit en l'Éternel, ma force a été relevée par l'Éternel ; ma bouche s'est ouverte contre mes ennemis, car je me réjouis de ton secours. Nul n'est saint comme l'Éternel ; il n'y a point d'autre Dieu que toi ; il n'y a point de rocher comme notre Dieu. Ne parlez plus avec tant de hauteur ; que l'arrogance ne sorte plus de votre

bouche ; car l'Éternel est un Dieu qui sait tout, et par lui sont pesées toutes les actions. L'arc des puissants est brisé, et les faibles ont la force pour ceinture (1 S 2.1-4).

Le cantique de Marie, après qu'elle ait entendu le message de l'ange Gabriel et d'Élisabeth, présente certaines similitudes avec celui d'Anne :

> Mon âme exalte le Seigneur, et mon esprit se réjouit en Dieu, mon Sauveur, parce qu'il a jeté les yeux sur la bassesse de sa servante. Car voici, désormais toutes les générations me diront bienheureuse, parce que le Tout-Puissant a fait pour moi de grandes choses. Son nom est saint, et sa miséricorde s'étend d'âge en âge sur ceux qui le craignent. Il a déployé la force de son bras ; il a dispersé ceux qui avaient dans le cœur des pensées orgueilleuses. Il a renversé les puissants de leurs trônes, et il a élevé les humbles (Lu 1.46-52).

Sixième leçon pratique : *nous devons nous efforcer de faire le travail de Dieu avec toute notre énergie en attendant le retour de Christ*. Ce Dieu omnipotent nous a déjà donné de la force et de l'énergie pour accomplir tout ce qu'il nous a confié. Nous devons mettre de côté la paresse, la lâcheté et le découragement pour accomplir son œuvre avec zèle, courage et fidélité. À l'instar de Paul, tout vrai chrétien devrait pouvoir dire à la fin de sa vie terrestre : « J'ai combattu le bon combat, j'ai achevé la course, j'ai gardé la foi. Désormais, la couronne de justice m'est réservée ; le Seigneur, le juste juge, me le donnera dans ce jour-là, et non seulement à moi, mais encore à tous ceux qui auront aimé son avènement » (2 Ti 4.7,8). Adorons ce Dieu omnipotent ! C'est notre Dieu !

Septième leçon pratique : la dernière leçon à apprendre au sujet de la doctrine de l'omnipotence de Dieu, dans le cadre de cette étude, c'est que *tous, croyants et non-croyants, devraient se soumettre à l'omnipotence de Dieu*. L'appel à se soumettre à la toute-puissance de Dieu est lancé aux non-croyants pour qu'ils cessent de combattre contre Dieu, qu'ils s'approchent de lui avec foi pour être sauvés et le servir. Ils devraient dire, comme Saul de Tarse : « Seigneur, que veux-tu que je fasse ? » (Ac 9.6.)

L'appel à la soumission est aussi lancé aux croyants pour qu'ils cessent de désobéir à Dieu et pour qu'ils s'engagent à le servir avec soumission, dévouement, consécration et fidélité. Ils devraient tous pouvoir dire comme Marie, la mère de Jésus : « Je suis la servante du Seigneur ; qu'il me soit fait selon ta parole ! » (Lu 1.38.) Tous les hommes devraient se soumettre au Dieu tout-puissant et l'adorer comme le seul vrai Dieu. Voulez-vous vous soumettre totalement à son omnipotence ?

4

LE DIEU OMNIPRÉSENT

Éternel! tu me sondes et tu me connais, tu sais quand je m'assieds et quand je me lève, tu pénètres de loin ma pensée; tu sais quand je marche et quand je me couche, et tu pénètres toutes mes voies. Car la parole n'est pas sur ma langue, que déjà, ô Éternel! tu la connais entièrement. Tu m'entoures par derrière et par devant, et tu mets ta main sur moi. Une science aussi merveilleuse est au-dessus de ma portée, elle est trop élevée pour que je puisse la saisir. Où irais-je loin de ton Esprit, et où fuirais-je loin de ta face? Si je monte aux cieux, tu y es; si je me couche au séjour des morts, t'y voilà. Si je prends les ailes de l'aurore, et que j'aille habiter à l'extrémité de la mer, là aussi ta main me conduira, et ta droite me saisira. Si je dis: Au moins les ténèbres me couvriront, la nuit devient lumière autour de moi; même les ténèbres ne sont pas obscures pour toi, la nuit brille comme le jour, et les ténèbres comme la lumière.

– Psaumes 139.1-12

Les Évangiles rapportent la vie d'un groupe de douze hommes qui passaient leur temps avec Jésus, leur Maître. Ils avaient abandonné leur métier, leurs amis, leurs biens. Ils avaient sacrifié leur temps familial, et ils dépendaient de leur Maître pour leur nourriture, leur protection et leur sécurité. De toute évidence, la vie leur semblait impossible sans lui. Ils ont dû faire face à deux problèmes de taille : d'abord, l'un d'eux, par cupidité, a abandonné le groupe et trahi le Maître, ensuite, on a contraint leur Maître à les abandonner durant trois jours quand on l'a crucifié. Ces onze hommes, en voyant leur Maître mourir sur la croix comme un criminel, ont expérimenté de la tristesse, de la souffrance, de la peur et de l'inquiétude. Or, il est ressuscité après trois jours et est revenu vers eux, ce qui a été un grand sujet de joie et de soulagement. Après quarante jours, leur Maître les a de nouveau quittés pour retourner au ciel. Cependant, ces hommes et beaucoup d'autres disciples ont poursuivi l'œuvre de leur Maître avec courage, zèle et fidélité jusqu'à la mort, en se basant sur cette merveilleuse promesse prononcée par leur Seigneur : « Et voici, je suis avec vous tous les jours jusqu'à la fin du monde » (Mt 28.20*b*).

Jésus leur a promis qu'il serait toujours présent avec eux. Le Dieu que nous servons est omniprésent. Adorons-le ! Notez trois choses ici : la signification de l'omniprésence de Dieu, le fait de l'omniprésence de Dieu, et le réconfort et la menace de l'omniprésence de Dieu.

A. La signification de l'omniprésence de Dieu

Prenez le temps de relire les versets 7 à 12 du Psaume 139 et vous verrez que le psalmiste y enseigne clairement que Dieu est omniprésent. Beaucoup d'autres auteurs des saintes Écritures déclarent que Dieu est omniprésent. Or, que signifie le terme « omniprésence » ?

1. Ce qu'omniprésence ne signifie pas

L'omniprésence ne correspond pas au panthéisme. Le mot « panthéisme » vient de deux mots grecs : *pan*, signifiant « tout » et *theos*, signifiant « Dieu ». Le panthéisme enseigne que Dieu est en tout et que tout est Dieu. Il est en toutes choses. C'est pourquoi les enseignants du panthéisme adorent toutes choses ; ils disent :

- Adorez les arbres – Dieu est en eux
- Adorez la poule – Dieu est en elle
- Adorez la vache – Dieu est en elle
- Adorez le cheval – Dieu est en lui

Le panthéisme enseigne aussi qu'il y a plusieurs dieux. Ceux qui enseignent ce point de vue s'enorgueillissent de ce qu'ils ont une grande aptitude philosophique et une formation intellectuelle poussée. Toutefois, d'après la Bible, ils ne sont que des ignorants et des insensés. Dieu a une personnalité. Il est partout présent, mais il n'est pas tout et en tout. L'omniprésence ne signifie pas qu'une partie de Dieu est présente partout dans l'univers.

2. Ce que l'omniprésence de Dieu signifie

Notez que l'omniprésence de Dieu est étroitement liée à son omniscience et son omnipotence. L'omniprésence de Dieu implique que Dieu est partout présent avec son être entier en tout temps. Non pas que Dieu soit partout présent physiquement ou corporellement ou dans le même sens. Il peut être au ciel dans un sens et sur la terre dans un autre sens. Notre Dieu est toujours présent partout : son centre est partout, et sa circonférence n'est nulle part. Or, sa présence est spirituelle et non matérielle ou physique. Néanmoins, elle est bel et bien réelle. Paul Enns écrit : « Plus exactement, l'omniprésence peut être définie comme étant "Dieu dans la totalité de son essence, sans diffusion ni expansion, ou sans multiplication, ni division, qui pénètre et remplit l'univers dans toutes ses parties" » (Enns, *op. cit.*, p. 198).

B. Le fait de l'omniprésence de Dieu

Nous pouvons découvrir plusieurs choses dans Psaumes 139.1-12. On dirait que le psalmiste entreprend une investigation sur la présence de Dieu dans l'univers.

Il commence par *des questions suscitant une investigation* : « Où irais-je loin de ton Esprit, et où fuirais-je loin de ta face ? » (v. 7.) Bien sûr, c'est une question d'adoration et non de doute. Le psalmiste, réfléchissant sur l'omniprésence de Dieu, et trouvant que Dieu est partout présent, s'exclame sous forme de question au verset 7 : « Où irais-je… Où fuirais-je… ? » Ce n'est pas que David voulait fuir Dieu. Il voulait être plus près de lui. C'est un fait établi : Dieu est partout présent en même temps.

Après avoir posé ces questions, le psalmiste donne *les résultats de son investigation*. Dans cette dernière, le psalmiste réfère à trois choses que nous utilisons souvent pour nous cacher des autres, et déclare qu'elles sont inefficaces pour nous cacher de Dieu. D'abord, il affirme que *l'espace* ne peut pas nous soustraire à la présence de Dieu (v. 8). Le *ciel*, ce vaste endroit comportant de nombreuses créatures, ne peut pas nous dégager de la présence de Dieu. Il nous voit au milieu d'une foule immense. Le *séjour des morts* et même *l'enfer* sont incapables de nous soustraire à sa présence. En d'autres mots, l'espace ne peut pas nous dissimuler à ses yeux.

Deuxièmement, *la fuite ou la vitesse* est inefficace pour nous cacher. Elle ne peut pas nous soustraire à la présence de Dieu (v. 9,10). Très souvent, nous courons pour nous cacher, mais nous ne courrons jamais assez vite pour nous cacher de Dieu. Le prophète Jonas a couru pour s'embarquer sur un navire dans le but de s'éloigner de Dieu, mais Dieu l'a rattrapé plus tard (Jon 1.3,4). Le poète anglais Francis Thompson décrit son effort futile de fuir devant Dieu qu'il appelait « le lévrier du ciel ». Il écrit :

Je le fuyais, les nuits et les jours.
Je le fuyais, à travers les voûtes des années.
Je le fuyais, à travers les dédales
De mon esprit, au milieu des larmes.
Je me suis caché de lui, et il riait de moi.
(Traduction libre)

L'auteur a compris qu'il est impossible de se cacher de Dieu. Il est partout présent.

Troisièmement, le psalmiste dit que le voile ne peut pas nous cacher aux yeux de Dieu (v. 11,12). Le « manteau » de ténèbres que les criminels utilisent pour se dissimuler ne peut les soustraire à la présence de Dieu. L'hypocrisie ne cache pas nos désirs impurs devant Dieu. Les péchés secrets sont commis dans la présence de Dieu.

C. Le réconfort et la menace de l'omniprésence de Dieu

Relisons Psaumes 139.7-12 pour y trouver le réconfort, l'encouragement et la consolation dans la doctrine de l'omniprésence de Dieu. Cette doctrine constitue également une menace pour tous les non-croyants.

L'omniprésence de Dieu est un réconfort pour les chrétiens. C'est une vérité protectrice pour les chrétiens. Quelles que soient nos circonstances, Dieu est présent avec nous. C'est aussi l'enseignement de Henry C. Thiessen : « C'est une source de consolation pour le croyant, car Dieu, celui qui est toujours présent, peut toujours venir à notre secours (De 4.7 ; Ps 46.2 ; 145.18 ; Mt 28.20) » (Thiessen, *op. cit.*, p. 93).

Dieu écoute nos prières. Il est près de nous. Le cas de Joseph en est un exemple évident. Plusieurs se demanderont sans doute : « Où était Dieu quand Joseph a été vendu comme esclave par ses frères, accusé d'immoralité par la femme de Potiphar et jeté en prison comme un criminel par ce dernier ? » La réponse se trouve dans Genèse 39.20-23 :

> Il prit Joseph, et le mit dans la prison, dans le lieu où les prisonniers du roi étaient enfermés : il fut là, en prison. L'Éternel fut avec Joseph, et il étendit sur lui sa bonté. Il le mit en faveur aux yeux du chef de la prison. Et le chef de la prison plaça sous sa surveillance tous les prisonniers qui étaient dans la prison ; et rien ne s'y faisait que par lui. Le chef de la prison ne prenait aucune connaissance de ce que Joseph avait en main, parce que l'Éternel était avec lui. Et l'Éternel donnait de la réussite à ce qu'il faisait.

Joseph a compris plus tard que Dieu ne l'avait jamais abandonné. L'Éternel était toujours avec Joseph qui a fait cette déclaration à ses frères :

> Joseph dit à ses frères : Approchez-vous de moi. Et ils s'approchèrent. Il dit : Je suis Joseph, votre frère, que vous avez vendu pour être mené en Égypte. Maintenant, ne vous affligez pas, et ne soyez pas fâchés de m'avoir vendu pour être conduit ici, car c'est pour vous sauver la vie que Dieu m'a envoyé devant vous. Voilà deux ans que la famine est dans le pays ; et pendant cinq années encore, il n'y aura ni labour, ni moisson. Dieu m'a envoyé devant vous pour vous faire subsister dans le pays, et pour vous faire vivre par une grande délivrance. Ce n'est donc pas vous qui m'avez envoyé ici, mais c'est Dieu ; il m'a établi père de Pharaon, maître de toute sa maison, et gouverneur de tout le pays d'Égypte (Ge 45.4-8).

Le cas de Job constitue un autre exemple vivant de la présence constante de Dieu auprès de ses enfants, même quand ils sont aux prises avec de grandes difficultés. Pendant les épreuves de Job, Dieu l'a fortifié et l'a consolé. Dieu est toujours présent avec nous. Il n'abandonne jamais ses enfants. L'auteur de l'épître aux Hébreux nous dit : « Ne vous livrez pas à l'amour de l'argent ; contentez-vous de ce que vous avez ; car Dieu lui-même a dit : Je ne te délaisserai point, et je ne t'abandonnerai point. C'est donc avec assurance que nous pouvons dire : Le Seigneur est mon aide, je ne craindrai rien ; que peut me faire un homme ? » (13.5,6.) Le cantique n° 121 du recueil *Chants d'espérance*, « Non jamais tout seul », est très approprié et enseigne cette même vérité. Un auteur inconnu a écrit :

> Causez avec Dieu, alors il écoute. [...] Dieu est plus près de nous que notre respiration. Il est plus près de nous que nos mains, nos pieds ; Dieu n'est jamais loin. Il est au-dedans de nous. Notre esprit est sa demeure qu'il considère comme chère.

De même, les enfants d'Israël, s'ils avaient été vraiment reconnaissants à leur Dieu, auraient pu crier haut et fort que la présence de Dieu est vraiment un réconfort dans les moments de difficultés. Le prophète Ésaïe écrit :

> Ainsi parle maintenant l'Éternel, qui t'a créé, ô Jacob ! Celui qui t'a formé, ô Israël ! Ne crains rien, car je te rachète, je t'appelle par ton nom : tu es à moi ! Si tu traverses les eaux, je serai avec toi ; et les fleuves, ils ne te submergeront point ; si tu marches dans le feu, tu ne te brûleras pas, et la flamme ne t'embrasera pas. Car je suis l'Éternel, ton Dieu, le Saint d'Israël, ton sauveur ; je donne l'Égypte pour ta rançon, l'Éthiopie et Saba à ta place. Parce que tu as du prix à mes yeux, parce que tu es honoré et que je t'aime, je donne des hommes à ta place, et des peuples pour ta vie. Ne crains rien, car je suis avec toi ; je ramènerai de l'orient ta race, et je te rassemblerai de l'occident (43.1-5).

R. C. Sproul a eu raison d'écrire ces lignes au sujet du réconfort que procure la doctrine de l'omniprésence de Dieu :

> Il est le Dieu en qui « nous avons la vie, le mouvement et l'être » (Ac 17.28). Il est le Dieu qui sait quand un moineau tombe à terre et

connaît le nombre de nos cheveux (Mt 10.29,30). L'idée d'un Dieu qui est présent est au cœur de la foi judéo-chrétienne. Notre bonheur est de savoir que Jésus est *Emmanuel*, c'est-à-dire « Dieu avec nous ». L'expression latine *Deus pro nobis* (« Dieu pour nous ») fait partie intégrante de notre confession (Sproul, *op. cit.*, p. 73).

L'omniprésence de Dieu constitue une menace à la fois pour les chrétiens et pour les non-chrétiens.

L'omniprésence de Dieu est une menace de châtiment pour les chrétiens. Le fait que Dieu est omniprésent devrait motiver les chrétiens à mener une vie de sainteté, de moralité et de piété.

- Il est présent dans les ténèbres et les nuits.
- Il est présent là où les yeux humains ne peuvent voir.
- Il est présent quand nous sommes loin de notre femme ou de notre mari.
- Il est toujours présent avec nous. Il observe tout ce que nous faisons et écoute tout ce que nous disons.

Le secret pour mener une vie chrétienne pieuse est d'avoir une conscience de la présence constante de Dieu. Quoi que nous disions ou faisions, nous devons nous demander : « Qu'en pense Dieu, qui est toujours présent ? » C'est là le vrai test de notre conduite. La doctrine de l'omniprésence de Dieu est vraiment une menace pour les croyants désobéissants. Dieu peut nous châtier.

L'omniprésence de Dieu est une menace de jugement et de condamnation pour les incroyants. Dieu voit ceux qui commettent des crimes. Il peut contrecarrer les actions des méchants et même les réduire à néant. Dieu déclare, par l'entremise du prophète Jérémie : « Ne suis-je Dieu que de près, dit l'Éternel, et ne suis-je pas aussi Dieu de loin ? Quelqu'un se tiendra-t-il dans un lieu caché, sans que je le voie ? dit l'Éternel. Ne remplis-je pas, moi, les cieux et la terre ? dit l'Éternel » (Jé 23.23,24). Nous lisons des paroles similaires dans le livre de Job : « Dieu n'est-il pas en haut dans les cieux ? Regarde le sommet des étoiles, comme il est élevé ! Et tu dis : Qu'est-ce que Dieu sait ? Peut-il juger à travers l'obscurité ? Les nuées l'enveloppent, et il ne voit rien ; il ne parcourt que la voûte des cieux » (Job 22.12-14). L'auteur d'Hébreux écrit : « Nulle créature n'est cachée devant lui, mais tout est nu et découvert aux yeux de celui à qui nous devons rendre compte » (4.13).

Lisez ce que dit l'Éternel, par la bouche du prophète Amos, au sujet des hommes méchants :

> Je ferai périr le reste par l'épée. Aucun d'eux ne pourra se sauver en fuyant, aucun d'eux n'échappera. S'ils pénètrent dans le séjour des morts, ma main les en arrachera ; s'ils montent aux cieux, je les en ferai descendre. S'ils se cachent au sommet du Carmel, je les y chercherai et je les saisirai ; s'ils se dérobent à mes regards dans le fond de la mer, là j'ordonnerai au serpent de les mordre. S'ils vont en captivité devant leurs ennemis, là j'ordonnerai à l'épée de les faire périr ; je dirigerai contre eux mes regards pour faire du mal et non du bien (Am 9.1*b*-4).

L'omniprésence de Dieu devrait conduire les non-convertis à se repentir de leurs péchés, à croire en Christ et à l'adorer. Voulez-vous adorer ce Dieu omniprésent à travers Christ ?

5

LE DIEU IMMUABLE

Car je suis l'Éternel, je ne change pas ; et vous, enfants de Jacob, vous n'avez pas été consumés.

– Malachie 3.6

Jésus-Christ est le même hier, aujourd'hui, et éternellement.

– Hébreux 13.8

Posons-nous les questions suivantes :

- Pourquoi un chrétien devrait lire ou étudier l'Ancien Testament ?
- Pourquoi étudier le livre de la Genèse ? La vie d'Abraham, de Jacob, de Joseph ? Ces hommes sont morts. Quelle est l'utilité de ces récits ?
- Pourquoi étudier l'histoire du peuple d'Israël ? L'Exode, le Lévitique, les Nombres, le Deutéronome, Josué, etc. ?
- Quelle relation y a-t-il entre ces livres et notre vie ?
- Pourquoi étudier la vie de Joseph, de Moïse, de David, de Job ? Ces récits s'échelonnent sur plusieurs centaines d'années.

- Pourquoi lire les quatre Évangiles, les épîtres de Paul et les autres épîtres ?

Il est important de lire ou d'étudier à la fois l'Ancien Testament et le Nouveau Testament puisque c'est le même Dieu qui est l'Auteur de toute la Bible, et ce Dieu ne change pas. Nous avons déjà cité le prophète Malachie, qui a prononcé les paroles suivantes de la part de Dieu : « Je suis l'Éternel, je ne change pas » (Ma 3.6). L'auteur de l'épître aux Hébreux, parlant du Seigneur Jésus, la deuxième personne de la Sainte Trinité, déclare : « Jésus-Christ est le même hier, aujourd'hui et éternellement » (Hé 13.8). Le Dieu de la Bible, le Dieu que nous servons est immuable. Il ne change pas. Voilà un autre attribut de Dieu.

A. L'exposition biblique de la doctrine de l'immuabilité de Dieu

Notre Dieu ne change pas. Il n'y a rien en lui qui change. D'abord, nous devons souligner que *le caractère de Dieu*, contrairement à celui des hommes, *est immuable*. La pression ou le choc peut changer le caractère d'une personne. Toutefois, rien ne peut changer le caractère de Dieu. Les goûts, l'apparence, le tempérament peuvent changer radicalement au cours de la vie d'une personne. Une personne aimable et tranquille peut devenir amère et capricieuse. Une personne douce peut s'endurcir. L'amour, chez les êtres humains, peut se changer en haine. Or, rien de tel ne peut se produire chez Dieu. Il ne devient jamais plus ou moins gracieux, plus ou moins miséricordieux, plus ou moins bon. Son caractère est toujours le même.

Remarquez que Dieu dit à Moïse que son nom est : « Je suis ». Jacques écrit : « Toute grâce excellente et tout don parfait descendent d'en haut, du Père des lumières, chez lequel il n'y a ni changement ni ombre de variation » (Ja 1.17). Le caractère de Dieu est immuable. Au sujet de l'immuabilité de Dieu, l'auteur John MacArthur écrit ce qui suit :

> L'immuabilité de Dieu le distingue de tout, parce que toute autre chose change. L'univers entier se transforme. Les galaxies meurent et naissent. Même le soleil se consume peu à peu. Notre monde change constamment. Les saisons changent. Nous vieillissons et nous mourons, et du commencement à la fin, tout ce que nous connaissons change. Pas Dieu. Il est « le même hier, aujourd'hui et éternellement » (Hé 13.8) (MacArthur, 2012, *op.cit.*, p. 86, trad. libre).

Voici un deuxième fait à signaler : *la vérité de Dieu est immuable*. Les hommes disent parfois des choses qu'ils ne peuvent pas faire. Ainsi, ils sont parfois obligés de revenir sur leurs déclarations. Les hommes changent aujourd'hui des paroles qu'ils affirmaient dans le passé. Les dires des hommes sont instables, mais la Parole de Dieu demeure éternellement. Aucune circonstance, aucun problème ne peut changer la vérité de Dieu. Les promesses de Dieu ne changent pas. Notons certaines déclarations de la Parole de Dieu.

> Il a brisé ma force dans la route, il a abrégé mes jours. Je dis : Mon Dieu, ne m'enlève pas au milieu de mes jours, toi, dont les années durent éternellement ! Tu as anciennement fondé la terre, et les cieux sont l'ouvrage de tes mains. Ils périront, mais tu subsisteras ; ils s'useront tous comme un vêtement ; tu les changeras comme un habit, et ils seront changés. Mais toi, tu restes le même, et tes années ne finiront point (Ps 102.24-28).

> Une voix dit : Crie ! Et il répond : Que crierai-je ? Toute chair est comme l'herbe, et tout son éclat comme la fleur des champs. L'herbe sèche, la fleur tombe, quand le vent de l'Éternel souffle dessus. Certainement le peuple est comme l'herbe : L'herbe sèche, la fleur tombe ; mais la parole de notre Dieu subsiste éternellement (És 40.6-8).

Dans le Psaume 119, nous lisons des déclarations semblables. Le psalmiste y écrit : « À toujours, ô Éternel ! Ta parole subsiste dans les cieux. De génération en génération ta fidélité subsiste ; tu as fondé la terre, et elle demeure ferme » (v. 89,90). Voici deux autres versets de ce même psaume : « Tu es proche, ô Éternel ! Et tous tes commandements sont la vérité. Dès longtemps je sais par tes préceptes que tu les as établis pour toujours » (v. 151,152).

Rien ne peut annuler la vérité éternelle de Dieu. Le même Évangile ancien subsiste. Jésus-Christ, dans son magnifique sermon sur la montagne, déclare ce qui suit au sujet de la vérité immuable et éternelle de la Parole de Dieu : « Ne croyez pas que je sois venu pour abolir la loi ou les prophètes ; je suis venu non pour abolir, mais pour accomplir. Car, je vous le dis en vérité, tant que le ciel et la terre ne passeront point, il ne disparaîtra pas de la loi un seul iota ou un seul trait de lettre, jusqu'à ce que tout soit arrivé » (Mt 5.17,18).

Le troisième élément notable est le suivant : *les façons d'agir de Dieu sont immuables*. Il continue à agir ainsi qu'il a toujours agi dans la Bible envers les hommes et les femmes qui ont péché. Il bénit toujours ceux qui le cherchent. Il hait toujours le péché de son peuple, et il a recours à toutes sortes de punitions et de châtiments pour détacher leur cœur des autres dieux et des pratiques idolâtres afin qu'ils s'attachent à lui. Dieu désire encore que ses enfants prient pour recevoir les dons qu'il leur a promis. Il récompense ceux qui sont obéissants et punit ceux qui lui désobéissent.

Concernant la récompense de Dieu envers ceux qui lui obéissent et de sa punition envers ceux qui lui désobéissent, Moïse déclare :

> Si tu obéis à la voix de l'Éternel, ton Dieu, en observant et en mettant en pratique tous ses commandements que je te prescris aujourd'hui, l'Éternel, ton Dieu, te donnera la supériorité sur toutes les nations

de la terre. Voici toutes les bénédictions qui se répandront sur toi et qui seront ton partage, lorsque tu obéiras à la voix de l'Éternel, ton Dieu [...] Mais si tu n'obéis point à la voix de l'Éternel, ton Dieu, si tu n'observes pas et ne mets pas en pratique tous ses commandements et toutes ses lois que je te prescris aujourd'hui, voici toutes les malédictions qui viendront sur toi et qui seront ton partage (De 28.1,2,15).

Une autre chose mérite également notre attention : *l'amour de Dieu est immuable*. Dieu aime tous les hommes, même ceux qui lui sont hostiles. L'apôtre Jean écrit : « Car Dieu a tant aimé le monde qu'il a donné son Fils unique, afin que quiconque croit en lui ne périsse point, mais qu'il ait la vie éternelle » (Jn 3.16). De même, Paul affirme : « Cela est bon et agréable devant Dieu notre Sauveur, qui veut que tous les hommes soient sauvés et parviennent à la connaissance de la vérité » (1 Ti 2.3,4).

Ce Dieu immuable, qui aime d'un amour immuable, veut que nous l'imitions dans notre amour. Le Seigneur Jésus nous exhorte en ces mots :

> Vous avez appris qu'il a été dit : Tu aimeras ton prochain, et tu haïras ton ennemi. Mais moi, je vous dis : Aimez vos ennemis, bénissez ceux qui vous maudissent, faites du bien à ceux qui vous haïssent, et priez pour ceux qui vous maltraitent et qui vous persécutent, afin que vous soyez fils de votre Père qui est dans les cieux ; car il fait lever son soleil sur les méchants et sur les bons, et il fait pleuvoir sur les justes et sur les injustes. Si vous aimez ceux qui vous aiment, quelle récompense méritez-vous ? Les publicains aussi n'agissent-ils pas de même ? Et si vous saluez seulement vos frères, que faites-vous d'extraordinaire ? Les païens aussi n'agissent-ils pas de même ? Soyez donc parfaits, comme votre Père céleste est parfait (Mt 5.43-48).

Vous pouvez expérimenter l'amour de Dieu aujourd'hui même. Tous, comme Zachée, Corneille, la femme samaritaine et le geôlier philippien, peuvent connaître Dieu et expérimenter son amour aujourd'hui par l'intermédiaire de Jésus-Christ. On raconte l'histoire suivante. Une fillette, élevée dans une famille chrétienne, voyait sa mère pleurer chaque jour de façon inconsolable à cause de la mort de son mari. Un jour, elle glissa sa main dans celle de sa mère et la regarda en disant : « Maman, Dieu est-il mort ? » « Non, répondit la mère, Dieu est vivant aux siècles des siècles. » La fillette voulait dire : « Maman, ton Créateur immuable peut prendre soin de toi plus que ton mari. L'Éternel des armées est son nom. Par conséquent, tu peux essuyer tes larmes. J'ai un Père dans le ciel, et tu as encore un mari. »

B. L'enseignement pratique de la doctrine de l'immuabilité de Dieu

La Bible enseigne de façon claire et explicite que Dieu ne change pas. De cette grande doctrine, nous pouvons apprendre plusieurs bonnes leçons spirituelles qui encouragent et réconfortent tous les croyants.

Premièrement, *puisque Dieu est immuable, nous devons nous affectionner aux choses éternelles, non à celles qui sont passagères et périssables.* Nous devons accepter cette exhortation de Paul dans Colossiens : « Si donc vous êtes ressuscités avec Christ, cherchez les choses d'en haut, où Christ est assis à la droite de Dieu. Attachez-vous aux choses d'en haut, et non à celles qui sont sur la terre. Car vous êtes morts, et votre vie est cachée avec Christ en Dieu » (3.1-3).

Dans sa deuxième épître aux Corinthiens, Paul explique pourquoi nous devons tous nous attacher aux choses éternelles. Il écrit :

> C'est pourquoi nous ne perdons pas courage. Et même si notre homme extérieur se détruit, notre homme intérieur se renouvelle de jour en jour. Car nos légères afflictions du moment présent produisent pour nous, au-delà de toute mesure, un poids éternel de

gloire, parce que nous regardons, non point aux choses visibles, mais à celles qui sont invisibles ; car les choses visibles sont passagères, et les invisibles sont éternelles (4.16-18).

Nous devons construire notre vie sur Christ, le Roc solide, et ne jamais placer notre confiance en des choses passagères et périssables telles que l'argent, l'or et d'autres biens matériels. C'était le conseil de Paul aux riches dans sa première épître à Timothée :

> Recommande aux riches du présent siècle de ne pas être orgueilleux, et de ne pas mettre leur espérance dans des richesses incertaines, mais de la mettre en Dieu, qui nous donne avec abondance toutes choses pour que nous en jouissions. Recommande-leur de faire du bien, d'être riches en bonnes œuvres, d'avoir de la libéralité, de la générosité, et de s'amasser ainsi pour l'avenir un trésor placé sur un fondement solide, afin de saisir la vie véritable (6.17-19).

Deuxièmement, *puisque notre Dieu est immuable, nous devons nous efforcer de l'imiter*. L'attribut d'immuabilité appartient à Dieu seul, mais nous devons essayer de l'imiter selon nos limites. Nous devons faire de notre mieux pour ne pas changer notre foi chrétienne qui est basée sur les saintes Écritures. Nous devons veiller à ne pas délaisser nos engagements, nos promesses et nos vœux. Nous devons honorer nos vœux de mariage, les promesses faites à nos amis, rembourser nos dettes et respecter nos rendez-vous.

Nous devons nous efforcer d'être et de rester sérieux, honnêtes et fidèles. Nous devons imiter notre Père céleste (Mt 5.48). Nous devons être dignes de confiance en étant fidèles et stables dans nos engagements ministériels ainsi que dans nos relations avec les membres de nos familles.

Troisièmement, *puisque Dieu est immuable, les chrétiens peuvent se réjouir de leur sécurité en Dieu*. Supposons que le soleil ne paraisse pas pendant une semaine, que la lune, remplie de sang, ne donne plus sa lumière, que la mer se déchaîne, que l'orage gronde sans cesse, que la mort fasse des ravages, et qu'il y ait de grandes ténèbres et des tremblements de terre partout. Aucune de ces choses ne pourrait empêcher le Dieu immuable de nous protéger. Nous vivons dans un monde qui change, mais notre Dieu ne change pas. Alléluia !

Quatrièmement, *puisque Dieu est immuable, nous pouvons compter sur lui et croire en l'accomplissement de toutes ses promesses*. Quel réconfort ! Dans Hébreux 6.13-18, nous lisons :

> Lorsque Dieu fit la promesse à Abraham, ne pouvant jurer par un plus grand que lui, il jura par lui-même, et dit : Certainement je te bénirai et je multiplierai ta postérité. Et c'est ainsi qu'Abraham, ayant persévéré, obtint ce qui lui avait été promis. Or les hommes jurent par celui qui est plus grand qu'eux, et le serment est une garantie qui met fin à tous leurs différends. C'est pourquoi Dieu, voulant montrer avec plus d'évidence aux héritiers de la promesse l'immutabilité de sa résolution, intervint par un serment, afin que, par deux choses immuables, dans lesquelles il est impossible que Dieu mente, nous trouvions un puissant encouragement, nous dont le seul refuge a été de saisir l'espérance qui nous était proposée.

Par conséquent, nous pouvons réclamer les unes après les autres les promesses que Dieu a faites à ses enfants.

Parce que notre Dieu ne change pas, nous pouvons compter sur toutes ses promesses envers nous : sa protection, sa provision, son secours, sa présence, etc. Le pasteur et auteur américain, David Jeremiah, dans son guide d'étude intitulé *Knowing the God You Worship*, écrit :

> Celui auprès de qui nous devons demeurer est Celui qui ne change pas. À quoi bon compter sur une personne dont le caractère et la nature changent selon la situation ou les circonstances ? Nous nous appuyons sur Dieu avec confiance simplement parce que nous savons qu'il n'y a pas d'ombre de variation chez lui. Tout ce dont nous avons

besoin, ses mains l'ont pourvu. Sa fidélité est grande! (Jeremiah, 2004, p. 54, trad. libre.)

Cinquièmement, *puisque Dieu est immuable, il gardera ses promesses envers ceux qui ne sont pas convertis.* Dieu promet de juger un jour les infidèles et les méchants. Il gardera ses promesses vis-à-vis des incroyants. Lisons certaines de ces promesses de jugement et de condamnation.

> Ensuite il dira à ceux qui seront à sa gauche : Retirez-vous de moi, maudits; allez dans le feu éternel qui a été préparé pour le diable et pour ses anges (Mt 25.41).

> Car il est de la justice de Dieu de rendre l'affliction à ceux qui vous affligent, et de vous donner, à vous qui êtes affligés, du repos avec nous, lorsque le Seigneur Jésus apparaîtra du ciel avec les anges de sa puissance, au milieu d'une flamme de feu, pour punir ceux qui ne connaissent pas Dieu et ceux qui n'obéissent pas à l'Évangile de notre Seigneur Jésus. Ils auront pour châtiment une ruine éternelle, loin de la face du Seigneur et de la gloire de sa force (2 Th 1.6-9).

> Quiconque ne fut pas trouvé écrit dans le livre de vie fut jeté dans l'étang de feu (Ap 20.15).

> Mais pour les lâches, les incrédules, les abominables, les meurtriers, les débauchés, les magiciens, les idolâtres, et tous les menteurs, leur part sera dans l'étang ardent de feu et de soufre, ce qui est la seconde mort (Ap 21.8).

Dieu promet d'accueillir au ciel tous ceux qui se repentent de leurs péchés et qui croient en Jésus-Christ, et de jeter dans l'enfer éternel tous ceux qui rejettent Jésus. En tant que Dieu immuable, il accomplira exactement et fidèlement ces deux promesses. Vous pouvez éviter l'enfer aujourd'hui même, si vous acceptez de croire en Christ.

6

LE DIEU SAINT

L'année de la mort du roi Ozias, je vis le Seigneur assis sur un trône très élevé, et les pans de sa robe remplissaient le temple. Des séraphins se tenaient au-dessus de lui; ils avaient chacun six ailes; deux dont ils se couvraient la face, deux dont ils se couvraient les pieds, et deux dont ils se servaient pour voler. Ils criaient l'un à l'autre, et disaient : Saint, saint, saint est l'Éternel des armées! toute la terre est pleine de sa gloire! Les portes furent ébranlées dans leurs fondements par la voix qui retentissait, et la maison se remplit de fumée.

– Ésaïe 6.1-4

S'il existe une distinction en importance parmi les attributs de Dieu, celui de la sainteté semble occuper la première place. C'est sans doute l'attribut dont Dieu veut que ses enfants se souviennent avant tout : Dieu est saint. Les écrivains de la Parole de Dieu mentionnent très souvent cet attribut. En effet, Dieu est saint.

Le prophète Ésaïe mentionne au moins trente fois que Dieu est saint. Il présente la sainteté de Dieu au troisième degré : « Saint, saint, saint est l'Éternel des armées ! » (És 6.3.) Tous les hommes qui ont eu une vision de Dieu ont constaté qu'il est saint. L'un des attributs de Dieu les plus connus dans l'Ancien Testament et également dans le Nouveau Testament est celui-ci : Dieu est saint. Notons certains textes au sujet de la sainteté de Dieu.

> Car ainsi parle le Très-Haut, dont la demeure est éternelle et dont le nom est *saint* : J'habite dans les lieux élevés et dans la *sainteté* ; mais je suis avec l'homme contrit et humilié, afin de ranimer les esprits humiliés, afin de ranimer les cœurs contrits (És 57.15 ; italiques pour souligner).

> L'Éternel règne : les peuples tremblent ; il est assis sur les chérubins : la terre chancelle. L'Éternel est grand dans Sion, il est élevé au-dessus de tous les peuples. Qu'on célèbre ton nom grand et redoutable ! *Il est saint !* Qu'on célèbre la force du roi qui aime la justice ! Tu affermis la droiture, tu exerces en Jacob la justice et l'équité. Exaltez l'Éternel, notre Dieu, et prosternez-vous devant son marchepied ! *Il est saint !* Moïse et Aaron parmi ses sacrificateurs, et Samuel parmi ceux qui invoquaient son nom, invoquèrent l'Éternel, et il les exauça. Il leur parla dans la colonne de nuée ; ils observèrent ses commandements et la loi qu'il leur donna. Éternel, notre Dieu, tu les exauças, tu fus pour eux un Dieu qui pardonne, mais tu les as punis de leurs fautes. Exaltez l'Éternel, notre Dieu, et prosternez-vous sur sa *montagne sainte !* Car *il est saint*, l'Éternel, notre Dieu ! (Ps 99 ; italiques pour souligner.)

> Mais, puisque celui qui vous a appelés est saint, vous aussi soyez saints dans toute votre conduite, selon qu'il est écrit : Vous serez saints, car je suis saint (1 Pi 1.15,16).

> Les quatre êtres vivants ont chacun six ailes, et ils sont remplis d'yeux tout autour et au-dedans. Ils ne cessent de dire jour et nuit : Saint, saint, saint est le Seigneur Dieu, le Tout-Puissant, qui était, qui est, et qui vient ! (Ap 4.8.)

Fait intéressant, la Bible présente les trois personnes de la Trinité comme le Dieu saint. Le Père est saint. Il est écrit dans Ésaïe 41.14 : « Ne crains rien, vermisseau de Jacob, faible reste d'Israël; je viens à ton secours, dit l'Éternel, et le Saint d'Israël est ton sauveur.» Le Fils est saint. Luc écrit : «Vous avez renié le Saint et le Juste, et vous avez demandé qu'on vous accorde la grâce d'un meurtrier» (Ac 3.14). Le Saint-Esprit est saint. Dans Éphésiens 4.30, nous lisons : «N'attristez pas le Saint-Esprit de Dieu, par lequel vous avez été scellés pour le jour de la rédemption.»

Notre Dieu est saint. Notez trois choses au sujet de la sainteté de Dieu : la signification de la sainteté de Dieu, les manifestations de la sainteté de Dieu et des leçons apprises de la sainteté de Dieu.

A. La signification de la sainteté de Dieu

Sur le plan négatif, *sainteté* signifie séparation d'avec tout ce qui est impur. En d'autres mots, Dieu se dissocie de tout mal, de toute impiété, de toute immoralité, de toute méchanceté et de tout péché. Sur le plan positif, *sainteté* signifie pureté, distinction. En affirmant que Dieu est saint, nous voulons dire qu'il est pur, saint et distinct de tous les autres. Henry C. Thiessen écrit :

> Dieu est distinct de toutes ses créatures et élevé au-dessus d'elles, et il est également exempt de tout mal et de tout péché. Dans un premier sens, sa sainteté n'est pas vraiment un attribut coordonné aux autres attributs, mais plutôt aussi important que tous les autres ensemble. Elle dénote la perfection de Dieu dans tout ce qu'il est. Dans un second sens, elle est considérée comme la conformité éternelle de son être et de sa volonté (Thiessen, *op. cit.*, p. 97).

Dieu est moralement pur, saint, parfait dans toutes ses pensées et dans tous ses motifs. Il est libre de tout mal. L'apôtre Jean écrit ceci : «Dieu est lumière, et [...] il n'y a point en lui de ténèbres» (1 Jn 1.5). Dieu ne peut être plus saint qu'il l'est maintenant. Il est absolument pur, immaculé. La méchanceté serait en contradiction avec les autres attributs. Dieu n'a jamais commis le mal, ne le fera jamais et ne le pourra jamais. Dieu est si saint qu'il ne peut voir et tolérer le péché. Il hait le péché, et la simple mention du péché suscite sa colère. Le prophète Ésaïe écrit :

> Non, la main de l'Éternel n'est pas trop courte pour sauver, ni son oreille trop dure pour entendre. Mais ce sont vos crimes qui mettent une séparation entre vous et votre Dieu ; ce sont vos péchés qui vous cachent sa face et l'empêchent de vous écouter. Car vos mains sont souillées de sang, et vos doigts de crimes ; vos lèvres profèrent le mensonge, votre langue fait entendre l'iniquité (59.1-3).

La sainteté de Dieu est pureté absolue, beauté absolue et séparation absolue d'avec le mal et le péché. Dieu est si saint qu'il ne peut pas laisser impunis ceux qui commettent le mal. C'est pourquoi ceux qui refusent de se repentir de leurs péchés et de croire en Christ comme leur Seigneur et Sauveur seront séparés éternellement d'avec Dieu.

L'apôtre Paul écrit : « Ne savez-vous pas que les injustes n'hériteront point le royaume de Dieu ? Ne vous y trompez pas : ni les débauchés, ni les idolâtres, ni les adultères, ni les efféminés, ni les homosexuels, ni les voleurs, ni les cupides, ni les ivrognes, ni les outrageux, ni les ravisseurs, n'hériteront le royaume de Dieu » (1 Co 6.9,10). L'apôtre Jean nous dit la même chose dans ces mots : « Mais pour les lâches, les incrédules, les abominables, les meurtriers, les débauchés, les magiciens, les idolâtres, et tous les menteurs, leur part sera dans l'étang ardent de feu et de soufre, ce qui est la seconde mort » (Ap 21.8).

B. L'expérience de la sainteté de Dieu

La Bible nous parle de certains hommes qui ont expérimenté la sainteté de Dieu. Mentionnons six d'entre eux.

1. L'expérience de Moïse (Exode 3.1-6)

« Moïse faisait paître le troupeau de Jéthro, son beau-père, sacrificateur de Madian ; et il mena le troupeau derrière le désert, et vint à la montagne de Dieu, à Horeb. L'ange de l'Éternel lui apparut dans une flamme de feu, au milieu d'un buisson. Moïse regarda ; et voici, le buisson était tout en feu, et le buisson ne se consumait point. Moïse dit : Je veux me détourner pour voir quelle est cette grande vision, et pourquoi le buisson ne se consume point. L'Éternel vit qu'il se détournait pour voir ; et Dieu l'appela du milieu du buisson, et dit : Moïse ! Moïse ! Et il répondit : Me voici ! Dieu dit : N'approche pas d'ici, ôte tes souliers de tes pieds, car le lieu sur lequel tu te tiens est une terre sainte. Et il ajouta : Je suis le Dieu de ton père, le Dieu d'Abraham, le Dieu d'Isaac et le Dieu de Jacob. Moïse se cacha le visage, car il craignait de regarder Dieu. »

2. L'expérience de Josué (Josué 5.13-15)

« Comme Josué était près de Jéricho, il leva les yeux, et regarda. Voici, un homme se tenait debout devant lui, son épée nue dans la main. Il alla vers lui, et lui dit : Es-tu des nôtres ou de nos ennemis ? Il répondit : Non, mais je suis le chef de l'armée de l'Éternel, j'arrive maintenant. Josué tomba le visage contre terre, adora, et dit : Qu'est-ce que mon seigneur dit à son serviteur ? Et le chef de l'armée de l'Éternel dit à Josué : Ôte tes souliers de tes pieds, car le lieu sur lequel tu te tiens est saint. Et Josué fit ainsi. »

3. L'expérience d'Ésaïe (Ésaïe 6.1-7)

« L'année de la mort du roi Ozias, je vis le Seigneur assis sur un trône très élevé, et les pans de sa robe remplissaient le temple. Des séraphins se tenaient au-dessus de lui ; ils avaient chacun six ailes ; deux dont ils se couvraient la face, deux dont ils se couvraient les pieds, et deux dont ils se servaient pour voler. Ils criaient l'un à l'autre, et disaient : Saint, saint, saint est l'Éternel des armées ! toute la terre est pleine de sa gloire ! Les portes furent ébranlées dans leurs fondements par la voix qui retentissait, et la maison se remplit de fumée. Alors je dis : Malheur à moi ! je suis perdu, car je suis un homme dont les lèvres sont impures, j'habite au milieu d'un peuple dont les lèvres sont impures, et mes yeux ont vu le Roi, l'Éternel des armées. Mais l'un des séraphins vola vers moi, tenant à la main une pierre ardente, qu'il avait prise sur l'autel avec des pincettes. Il en toucha ma bouche, et dit : Ceci a touché tes lèvres ; ton iniquité est enlevée, et ton péché est expié. »

4. L'expérience de Pierre (Luc 5.1-8)

« Comme Jésus se trouvait auprès du lac de Génésareth, et que la foule se pressait autour de lui pour entendre la parole de Dieu, il vit au bord du lac deux barques, d'où les pêcheurs étaient descendus pour laver leurs filets. Il monta dans l'une de ces barques, qui était à Simon, et il le pria de s'éloigner un peu de terre. Puis il s'assit, et de la barque il enseignait la foule. Lorsqu'il eut cessé de parler, il dit à Simon : Avance en pleine eau, et jetez vos filets pour pêcher. Simon lui répondit : Maître, nous avons travaillé toute la nuit sans rien prendre ; mais, sur ta parole, je jetterai le filet. L'ayant jeté, ils prirent une grande quantité de poissons, et leur filet se rompait. Ils firent signe à leurs compagnons qui étaient dans l'autre barque de venir les aider. Ils vinrent et ils remplirent les deux barques, au point qu'elles enfonçaient. Quand il vit cela, Simon Pierre tomba aux genoux de Jésus, et dit : Seigneur, retire-toi de moi, parce que je suis un homme pécheur. »

5. L'expérience de Saul de Tarse (Actes 9.1-6)

« Cependant Saul, respirant encore la menace et le meurtre contre les disciples du Seigneur, se rendit chez le souverain sacrificateur, et lui demanda des lettres pour les synagogues de Damas, afin que, s'il trouvait des partisans de la nouvelle doctrine, hommes ou femmes, il les amène liés à Jérusalem. Comme il était en chemin, et qu'il approchait de Damas, tout à coup une lumière venant du ciel resplendit autour de lui. Il tomba par terre, et il entendit une voix qui lui disait : Saul, Saul, pourquoi me persécutes-tu ? Il répondit : Qui es-tu, Seigneur ? Et le Seigneur dit : Je suis Jésus que tu persécutes. Il te serait dur de regimber contre les aiguillons. Tremblant et saisi d'effroi, il dit : Seigneur, que veux-tu que je fasse ? Et le Seigneur lui dit : Lève-toi, entre dans la ville, et on te dira ce que tu dois faire. »

6. *L'expérience de l'apôtre Jean (Apocalypse 1.9-20)*

« Moi Jean, votre frère, et qui ai part avec vous à la tribulation, au royaume et à la persévérance en Jésus, j'étais dans l'île appelée Patmos, à cause de la parole de Dieu et du témoignage de Jésus. Je fus saisi par l'Esprit au jour du Seigneur, et j'entendis derrière moi une voix forte, comme le son d'une trompette, qui disait : Ce que tu vois, écris-le dans un livre, et envoie-le aux sept Églises, à Éphèse, à Smyrne, à Pergame, à Thyatire, à Sardes, à Philadelphie, et à Laodicée. Je me retournai pour connaître quelle était la voix qui me parlait. Et, après m'être retourné, je vis sept chandeliers d'or, et, au milieu des sept chandeliers, quelqu'un qui ressemblait à un fils d'homme, vêtu d'une longue robe, et ayant une ceinture d'or sur la poitrine. Sa tête et ses cheveux étaient blancs comme de la laine blanche, comme de la neige ; ses yeux étaient comme une flamme de feu ; ses pieds étaient semblables à de l'airain ardent, comme s'il avait été embrasé dans une fournaise ; et sa voix était comme le bruit de grandes eaux. Il avait dans sa main droite sept étoiles. De sa bouche sortait une épée aiguë, à deux tranchants ; et son visage était comme le soleil lorsqu'il brille dans sa force. Quand je le vis, je tombai à ses pieds comme mort. Il posa sur moi sa main droite en disant : Ne crains point ! Je suis le premier et le dernier, et le vivant. J'étais mort ; et voici, je suis vivant aux siècles des siècles. Je tiens les clés de la mort et du séjour des morts. Écris donc ce que tu as vu, ce qui est, et ce qui doit arriver ensuite, le mystère des sept étoiles que tu as vues dans ma main droite, et des sept chandeliers d'or. Les sept étoiles sont les anges des sept Églises, et les sept chandeliers sont les sept Églises. »

Les expériences de ces hommes mettent en évidence la sainteté de Dieu. Assurément, notre Dieu, le Dieu de la Bible, est saint !

C. La manifestation de la sainteté de Dieu

Dieu manifeste sa sainteté de plusieurs manières. Premièrement, il le fait à travers *la création*. La Bible nous dit que tout ce Dieu a créé est bon et parfait. Dans Genèse 1.31, nous lisons : « Dieu vit tout ce qu'il avait fait et voici, c'était très bon. Ainsi, il y eut un soir, et il y eut un matin : ce fut le sixième jour. »

Deuxièmement, Dieu manifeste sa sainteté par *les lois données à son peuple*. Ses lois sont toujours empreintes de moralité. À titre d'exemple, notez les sept derniers commandements du Décalogue :

> Tu ne prendras point le nom de l'Éternel, ton Dieu, en vain ; car l'Éternel ne laissera point impuni celui qui prendra son nom en vain. Souviens-toi du jour du repos, pour le sanctifier. Tu travailleras six jours, et tu feras tout ton ouvrage. Mais le septième jour est le jour du repos de l'Éternel, ton Dieu : tu ne feras aucun ouvrage, ni toi, ni ton fils, ni ta fille, ni ton serviteur, ni ta servante, ni ton bétail, ni l'étranger qui est dans tes portes. Car en six jours l'Éternel a fait les cieux, la terre et la mer, et tout ce qui y est contenu, et il s'est reposé le septième jour : c'est pourquoi l'Éternel a béni le jour du repos et l'a sanctifié. Honore ton père et ta mère, afin que tes jours se prolongent dans le pays que l'Éternel, ton Dieu, te donne. Tu ne tueras point. Tu ne commettras point d'adultère. Tu ne déroberas point. Tu ne porteras point de faux témoignage contre ton prochain. Tu ne convoiteras point la maison de ton prochain ; tu ne convoiteras point la femme de ton prochain, ni son serviteur, ni sa servante,

ni son bœuf, ni son âne, ni aucune chose qui appartienne à ton prochain (Ex 20.7-17).

Troisièmement, Dieu manifeste sa sainteté à *travers la conformité à ses commandements*. Ceux qui gardent ses commandements sont bénis. Cependant, ceux qui ne s'y soumettent pas sont punis. Deutéronome 28 est explicite à ce sujet. Notez particulièrement les versets 1 et 15 de ce chapitre : « Si tu obéis à la voix de l'Éternel, ton Dieu, en observant et en mettant en pratique tous ses commandements que je te prescris aujourd'hui, l'Éternel, ton Dieu, te donnera la supériorité sur toutes les nations de la terre » (28.1). « Mais si tu n'obéis point à la voix de l'Éternel, ton Dieu, si tu n'observes pas et ne mets pas en pratique tous ses commandements et toutes ses lois que je te prescris aujourd'hui, voici toutes les malédictions qui viendront sur toi et qui seront ton partage » (28.15).

Quatrièmement, le Dieu de la Bible manifeste sa sainteté à travers *le rituel du peuple d'Israël concernant le lieu très saint*. Un seul homme d'un seul peuple, d'une seule tribu et d'une seule famille avait la permission d'entrer dans le lieu très saint, dans la présence de Dieu, et ce, une seule fois par année. S'il faisait quelque chose de mal, il mourait.

Cinquièmement, nous pouvons constater la sainteté de Dieu dans *le système de prêtres et de sacrificateurs*. Il est impossible aux hommes et aux femmes d'entrer directement en contact avec Dieu. Ils doivent le faire par l'intermédiaire d'un *médiateur*. En raison de sa sainteté, Dieu est totalement séparé des hommes pécheurs. Par conséquent, ils ont besoin d'une personne médiatrice qui se tient entre eux et Dieu. C'est pourquoi, personne ne peut être sauvé sans avoir Christ comme son médiateur.

Sixièmement, Dieu manifeste sa sainteté à travers *la vie de Christ*. C'est la plus grande manifestation de la sainteté de Dieu. La vie de Jésus a été la seule vie parfaite jamais vécue sur la terre. Il n'a eu aucune mauvaise pensée, n'a prononcé aucune parole mauvaise et n'a posé aucun acte répréhensible. Il n'a jamais commis de péché. Le péché n'avait aucune emprise sur lui. Jésus lui-même dit aux Juifs : « Et moi, parce que je dis la vérité, vous ne me croyez pas. Qui de vous me convaincra de péché ? Si je dis la vérité, pourquoi ne me croyez-vous pas ? » (Jn 8.45,46.) L'apôtre Paul écrit ceci : « Celui qui n'a point connu le péché, il l'a fait devenir péché pour nous, afin que nous devenions en lui justice de Dieu » (2 Co 5.21). L'auteur de l'épître aux Hébreux nous dit la même chose en ces termes : « Car nous n'avons pas un souverain sacrificateur qui ne puisse compatir à nos faiblesses ; au contraire, il a été tenté comme nous en toutes choses, sans commettre de péché » (Hé 4.15). Pilate lui-même a affirmé à plusieurs reprises que Jésus n'avait rien fait de mal.

La sainteté de Jésus, la deuxième personne de la Sainte Trinité, était si évidente que ceux qui le rencontraient et qui comprenaient qui il était tremblaient de crainte.

> La présence même de Jésus était intimidante. Plusieurs choses contribuaient à ce fait. Son autorité était apparente. « La foule fut frappée de sa doctrine ; car il enseignait comme ayant autorité, et non pas comme leurs scribes » (Mt 7.28,29). Ses paroles étaient uniques. « Jamais homme n'a parlé comme cet homme » (Jn 7.46). Ses œuvres étaient incontestablement de Dieu. L'aveugle dit : « Si cet homme ne venait pas de Dieu, il ne pourrait rien faire » (Jn 9.33). Sa sagesse était surhumaine. « Nul ne put lui répondre un mot. Et, depuis ce jour, personne n'osa plus lui proposer des questions » (Mt 22.46). Sa pureté était indéniable. Il dit : « Qui de vous me convaincra de péché ? » (Jn 8.46). Sa véracité était indiscutable. Il défiait ceux qui essaient de l'éprouver : « Si j'ai mal parlé, explique-moi ce que j'ai dit de mal » (Jn 18.23). Sa puissance était étonnante. Il a nourri la multitude, a chassé les démons, et a parlé au figuier qui est mort aussitôt (MacArthur, 2012, *op. cit.*, p. 116, trad. libre).

Septièmement, la sainteté de Dieu s'est manifestée lors de *l'abandon de Christ (par le Père) à la croix*. Parce que Christ est devenu péché pour nous en prenant notre place sur la croix, Dieu le Père l'a abandonné à la croix. Ainsi, Jésus s'est écrié : « Éli, Éli, lama sabachthani ? c'est-à-dire : Mon Dieu, mon Dieu, pourquoi m'as-tu abandonné ? » (Mt 27.46.) Dieu est saint et par conséquent, il doit punir le péché. Et puisque Jésus est devenu péché pour les hommes, il devait être puni.

Enfin, Dieu manifeste sa sainteté à travers *la punition du péché des hommes*. Il a tué Nadab et Abihu, fils d'Ammon, pour lui avoir présenté du feu étranger (Lé 10.1,2). Il a empêché Moïse et Aaron d'entrer dans la terre promise au peuple juif, Canaan, pour lui avoir désobéi (No 20.12). Il a tué Uzza pour lui avoir désobéi en touchant l'arche de Dieu (1 Ch 13.7-11). Il a tué Ananias et Saphira pour avoir menti au Saint-Esprit, la troisième personne de la Sainte Trinité (Ac 5.1-10). Ses lois et ses commandements prévoient des peines de mort pour certains péchés comme l'adultère, la fornication, l'homosexualité, la bestialité, la rébellion des enfants à leurs parents, etc. Aujourd'hui, certains d'entre nous font ces choses comme si de rien n'était. Toutefois, Dieu a simplement reporté ses jugements à un temps futur. À la fin, tous ceux qui seront morts sans avoir reçu le pardon de leurs péchés par le sang de Christ seront jetés dans l'enfer éternel et seront tourmentés jour et nuit aux siècles des siècles (Ap 20.10-15).

D. Des leçons apprises de la sainteté de Dieu

Les enfants de Dieu peuvent apprendre plusieurs leçons importantes de la doctrine de la sainteté de Dieu. Premièrement, *nous devons nous approcher de Dieu avec révérence et crainte*, parce qu'il est saint. La limite imposée par Dieu sur le mont Sinaï est très significative.

Deuxièmement, *nous aurons une juste vision du péché quand nous aurons une juste vision de la sainteté de Dieu*. Le prophète Ésaïe, après avoir expérimenté la sainteté de Dieu, déclare : « Alors je dis : Malheur à moi ! Je suis perdu, car je suis un homme dont les lèvres sont impures, j'habite au milieu d'un peuple dont les lèvres sont impures, et mes yeux ont vu le Roi, l'Éternel des armées ! » (És 6.5.) Pierre, après avoir reconnu qu'il se trouvait dans la présence du Dieu saint, « tomba aux genoux de Jésus, et dit : Seigneur, retire-toi de moi, parce que je suis un homme pécheur » (Lu 5.8). La sainteté de Dieu devrait nous donner une vision adéquate du péché. Il nous arrive parfois de confesser nos péchés à la légère, de sorte que nous perdons le sens même de la terreur du péché.

Troisièmement, *c'est uniquement par les mérites de Christ qu'il est possible de s'approcher du Dieu saint*. Il est le seul médiateur entre Dieu et les hommes. Paul l'énonce en toutes lettres : « Car il y a un seul Dieu, et aussi un seul médiateur entre Dieu et les hommes, Jésus-Christ homme » (1 Ti 2.5). Car, sans Christ, personne ne peut être sauvé ni venir au Père pour le salut.

Quatrièmement, *en raison de la sainteté de Dieu, les pécheurs sont inévitablement séparés de lui à moins qu'un chemin ne soit tracé*. Sans le chemin tracé par Jésus-Christ, tous les hommes seront condamnés. Jésus lui-même déclare : « Je suis le chemin, la vérité, et la vie. Nul ne vient au Père que par moi » (Jn 14.6). Par conséquent, tous ceux qui n'ont pas Christ pour Seigneur et Sauveur seront condamnés à l'enfer.

Cinquièmement, *la sainteté de Dieu doit être le standard pour la vie et la conduite du chrétien*. Nous pouvons choisir d'agir d'une manière ou d'une autre en nous posant la question suivante : « Ce choix va-t-il me rapprocher davantage du Dieu saint ? » C'est l'enseignement des saintes Écritures. L'apôtre Jean écrit :

La nouvelle que nous avons apprise de lui, et que nous vous annonçons, c'est que Dieu est lumière, et qu'il n'y a point en lui de ténèbres. Si nous disons que nous sommes en communion avec lui, et que nous marchions dans les ténèbres, nous mentons, et nous ne pratiquons pas la vérité. Mais si nous marchons dans la lumière, comme il est lui-même dans la lumière, nous sommes mutuellement en communion, et le sang de Jésus son Fils nous purifie de tout péché (1 Jn 1.5-7).

Sixièmement, *plus nous pensons à la sainteté de Dieu, plus nous sommes inspirés à l'adorer.* La doctrine de la sainteté devrait augmenter notre désir d'adorer le vrai Dieu. Le psalmiste écrit :

Qu'on célèbre ton nom grand et redoutable ! Il est saint ! Qu'on célèbre la force du roi qui aime la justice ! Tu affermis la droiture, tu exerces en Jacob la justice et l'équité. Exaltez l'Éternel, notre Dieu, et prosternez-vous devant son marchepied : il est saint ! […] Exaltez l'Éternel, notre Dieu, et prosternez-vous sur sa montagne sainte ! Car il est saint, l'Éternel, notre Dieu ! (Ps 99.3-5,9.)

Il est aussi écrit dans Apocalypse 4.8 : « Les quatre êtres vivants ont chacun six ailes, et ils sont remplis d'yeux tout autour et au dedans. Ils ne cessent de dire jour et nuit : Saint, saint, saint est le Seigneur Dieu, le Tout-Puissant, qui était, qui est, et qui vient ! »

Septièmement, puisque nous savons que Dieu est saint, *nous devons faire de notre mieux pour l'imiter dans tout ce que nous faisons.* Nos pensées, nos paroles et nos actions doivent être caractérisées par la piété, la pureté, la moralité et la sainteté. Dans son commentaire sur *Les Épîtres générales et l'Apocalypse,* John MacArthur écrit :

Pour le peuple de Dieu, la raison principale et incontournable de cette exigence de sainteté était sa relation avec son Dieu : « L'Éternel parla à Moïse, et dit : Parle à toute l'assemblée des enfants d'Israël, et tu leur diras : Soyez saints, car je suis saint, moi, l'Éternel, votre Dieu » (Lé 19.1,2). De la même façon que les enfants d'Israël étaient appelés à aimer Dieu, à le servir et à se séparer de l'immoralité et de l'impureté, les croyants actuels doivent obéir à l'appel souverain d'arborer son image (Col 3.10) et d'obéir à son commandement d'être saint puisque le Saint par excellence s'est identifié à eux dans l'œuvre éternellement glorieuse de la grâce du salut (MacArthur, 2010, p. 527).

Plusieurs textes du Nouveau Testament nous exhortent et nous encouragent à pratiquer la sainteté :

Soyez donc parfaits, comme votre Père céleste est parfait (Mt 5.48).

Mais, puisque celui qui vous a appelés est saint, vous aussi soyez saints dans toute votre conduite, selon qu'il est écrit : Vous serez saints, car je suis saint (1 Pi 1.15,16).

Ce que Dieu veut, c'est votre sanctification ; c'est que vous vous absteniez de la débauche ; c'est que chacun de vous sache posséder son corps dans la sainteté et l'honnêteté, sans vous livrer à une convoitise passionnée, comme font les païens qui ne connaissent pas Dieu ; c'est que personne n'use envers son frère de fraude et de cupidité dans les affaires, parce que le Seigneur tire vengeance de toutes ces choses, comme nous vous l'avons déjà dit et attesté. Car Dieu ne nous a pas appelés à l'impureté, mais à la sanctification (1 Th 4.3-7).

Au reste, frères, que tout ce qui est vrai, tout ce qui est honorable, tout ce qui est juste, tout ce qui est pur, tout ce qui est aimable, tout ce qui mérite l'approbation, ce qui est vertueux et digne de louange, soit l'objet de vos pensées (Ph 4.8).

Recherchez la paix avec tous, et la sanctification, sans laquelle personne ne verra le Seigneur (Hé 12.14).

Notre Dieu est saint! Approchons-nous de lui avec crainte et tremblement, et adorons-le avec humilité et sincérité. Toutefois, si vous ne connaissez pas encore ce Dieu saint, nous vous invitons à vous tourner vers lui aujourd'hui à travers Jésus-Christ. Car il n'acceptera dans son ciel personne qui ne sera pas couvert par le sang de son saint Fils.

7

LE DIEU SOUVERAIN

Après le temps marqué, moi, Nebucadnetsar, je levai les yeux vers le ciel, et la raison me revint. J'ai béni le Très-Haut, j'ai loué et glorifié celui qui vit éternellement, celui dont la domination est une domination éternelle, et dont le règne subsiste de génération en génération. Tous les habitants de la terre ne sont à ses yeux que néant : il agit comme il lui plaît avec l'armée des cieux et avec les habitants de la terre, et il n'y a personne qui résiste à sa main et qui lui dise : Que fais-tu ? En ce temps, la raison me revint ; la gloire de mon royaume, ma magnificence et ma splendeur me furent rendues ; mes conseillers et mes grands me redemandèrent ; je fus rétabli dans mon royaume, et ma puissance ne fit que s'accroître. Maintenant, moi, Nebucadnetsar, je loue, j'exalte et je glorifie le roi des cieux, dont toutes les œuvres sont vraies et les voies justes, et qui peut abaisser ceux qui marchent avec orgueil.

– Daniel 4.34-37

Avez-vous déjà entendu parler d'un roi nommé Nebucadnetsar ? Il était roi de Babylone, le grand monarque et le *souverain absolu* de l'Empire babylonien. Il a construit Babylone et lui a conféré toute sa splendeur. Elle est également devenue puissante. Aucune armée à l'époque ne pouvait lui tenir tête. Or, le roi devint très orgueilleux. Écoutez ses propos dans Daniel 4.30 : « Le roi prit la parole et dit : N'est-ce pas ici Babylone la grande, que j'ai bâtie, comme résidence royale, par la puissance de ma force et pour la gloire de ma magnificence ? » La conséquence grave de son orgueil est décrite dans Daniel 4.31-33. Cependant, après son humiliation, il a prononcé l'une des plus belles déclarations sur la doctrine de la souveraineté de Dieu (Da 4.34-37). Notre Dieu est souverain.

A. Explication de la souveraineté de Dieu

Quand nous affirmons que Dieu est souverain, nous voulons dire qu'il a l'autorité totale, suprême et ultime sur tous les anges, sur Satan et tous les démons, sur tous les hommes et sur toutes choses. Il contrôle toutes choses. Il agit comme il le veut, et ce qu'il veut est toujours bon, acceptable et parfait. La souveraineté de Dieu lui permet d'être Dieu et de refuser de s'abaisser au niveau de l'homme. Le roi Nebucadnetsar a très bien compris la souveraineté de Dieu quand il déclare :

> J'ai béni le Très-Haut, j'ai loué et glorifié celui qui vit éternellement, celui dont la domination est une domination éternelle, et dont le règne subsiste de génération en génération. Tous les habitants de la terre ne sont à ses yeux que néant : il agit comme il lui plaît avec l'armée des cieux et avec les habitants de la terre, et il n'y a personne qui résiste à sa main et qui lui dise : Que fais-tu ? (Da 4.34*b*,35.)

1. Exposition biblique de la souveraineté de Dieu

Plusieurs textes de la Bible enseignent de façon claire la souveraineté de Dieu. Citons quelques-uns d'entre eux :

> En lui nous sommes aussi devenus héritiers, ayant été prédestinés suivant le plan de celui qui opère toutes choses d'après le conseil de sa volonté [...] lequel est un gage de notre héritage, pour la rédemption de ceux que Dieu s'est acquis, pour célébrer sa gloire (Ép 1.11-14).

Je sais que l'Éternel est grand, et que notre Seigneur est au-dessus de tous les dieux. Tout ce que l'Éternel veut, il le fait, dans les cieux et sur la terre, dans les mers et dans tous les abîmes. Il fait monter les nuages des extrémités de la terre, il produit les éclairs et la pluie, il tire le vent de ses trésors (Ps 135.5-7).

L'Éternel a tout fait pour un but, même le méchant pour le jour du malheur (Pr 16.4).

À toi, Éternel, la grandeur, la force et la magnificence, l'éternité et la gloire, car tout ce qui est au ciel et sur la terre t'appartient; à toi, Éternel, le règne, car tu t'élèves souverainement au-dessus de tout! C'est de toi que viennent la richesse et la gloire, c'est toi qui domines sur tout, c'est dans ta main que sont la force et la puissance, et c'est ta main qui a le pouvoir d'agrandir et d'affermir toutes choses (1 Ch 29.11,12).

À l'Éternel la terre et ce qu'elle renferme, le monde et ceux qui l'habitent! Car il l'a fondée sur les mers, et affermie sur les fleuves (Ps 24.1,2).

Arrêtez, et sachez que je suis Dieu : Je domine sur les nations, je domine sur la terre (Ps 46.11).

Dans Daniel 4.34,35, l'excellent passage sur la souveraineté de Dieu, nous pouvons noter au moins six vérités.

Premièrement, *Dieu est le Très-Haut qui vit éternellement*. Il ne change pas. On saluait souvent le roi Nebucadnetsar ainsi : « Ô roi, vis éternellement ». Mais maintenant, il sait que seul le Dieu souverain vit éternellement.

Deuxièmement, *la domination de Dieu est éternelle*. Elle subsiste de génération en génération. Son règne ne connaît aucune succession, aucune révolution, aucun coup d'État. Le psalmiste écrit : « Seigneur! Tu as été pour nous un refuge, de génération en génération. Avant que les montagnes soient nées, et que tu aies créé la terre et le monde, d'éternité en éternité tu es Dieu » (Ps 90.1,2).

Troisièmement, *les nations sont devant Dieu comme un néant.* Le plus grand des hommes est moins que rien devant Dieu. Ceux qui tiennent Dieu en haute estime ont une humble estime d'eux-mêmes. Au Psaume 47, nous lisons :

> Car l'Éternel, le Très-Haut, est redoutable, il est un grand roi sur toute la terre. Il nous assujettit des peuples, il met des nations sous nos pieds ; il nous choisit notre héritage, la gloire de Jacob qu'il aime. Dieu monte au milieu des cris de triomphe, l'Éternel s'avance au son de la trompette. Chantez à Dieu, chantez ! Chantez à notre roi, chantez ! Car Dieu est roi de toute la terre : Chantez un cantique ! Dieu règne sur les nations, Dieu a pour siège son saint trône. Les princes des peuples se réunissent au peuple du Dieu d'Abraham ; car à Dieu sont les boucliers de la terre : il est souverainement élevé (Ps 47.3-10).

Le prophète Ésaïe, écrivant au sujet de la majesté et de la souveraineté de Dieu, dit :

> Ne le savez-vous pas ? Ne l'avez-vous pas appris ? Ne vous l'a-t-on pas fait connaître dès le commencement ? N'avez-vous jamais réfléchi à la fondation de la terre ? C'est lui qui est assis au-dessus du cercle de la terre, et ceux qui l'habitent sont comme des sauterelles ; il étend les cieux comme une étoffe légère, il les déploie comme une tente, pour en faire sa demeure. C'est lui qui réduit les princes à rien, et qui fait des juges de la terre une vanité ; ils ne sont pas même plantés, pas même semés, leur tronc n'a pas même de racine en terre : Il souffle sur eux, et ils se dessèchent, et un tourbillon les emporte comme le chaume. À qui me comparerez-vous, pour que je lui ressemble ? Dit le Saint (Es 40.21-25).

Quatrièmement, *le royaume de Dieu est universel.* Les armées du ciel et celles sur la terre sont sous son contrôle. Tant les anges que les hommes sont ses serviteurs et doivent lui rendre compte. L'ange le plus élevé est sous son contrôle, et le moindre des hommes doit lui rendre compte. Satan et les démons sont également sous son contrôle. Ils ne peuvent rien faire sans qu'il ne le permette. Commentant l'universalité du royaume de Dieu et son contrôle souverain sur toutes ses créatures, R. C. Sproul écrit :

> Dieu répond par le rire à des forces unies contre lui. « Il rit, celui qui siège dans les cieux » (Ps 2.4). Toutes les puissances réunies ressemblent à une montagne qui accouche d'une souris ! La folie des hommes dans leur opposition à Dieu n'a d'égale que leur ignorance. Ailleurs, le psalmiste déclare : « Des nations grondent, des royaumes chancellent ; il fait entendre sa voix : la terre se dissout » (Ps 46.7). Un seul mot de Dieu suffit à dissoudre la terre (Sproul, *op. cit.*, p. 52).

Cinquièmement, *la puissance de Dieu est irréversible et on ne peut faire obstacle à sa souveraineté.* Le roi Nebucadnetsar déclare au sujet de Dieu : « Il agit comme il lui plaît. » Personne ne doit contester ses décisions. Il agit selon sa volonté, son but, son plan, son décret, son conseil. Et personne ne peut résister à sa volonté ou changer son plan. L'apôtre Jean écrit :

> Et tous les anges se tenaient autour du trône, des vieillards et des quatre êtres vivants ; ils se prosternèrent sur leur face devant le trône, et ils adorèrent Dieu, en disant : Amen ! La louange, la gloire, la sagesse, l'action de grâces, l'honneur, la puissance, et la force, soient à notre Dieu, aux siècles des siècles ! Amen ! (Ap 7.11,12.)

Sixièmement, *Dieu a la puissance d'humilier le plus orgueilleux de ses ennemis.* Anne, après avoir expérimenté l'exaucement à sa prière, offre des mots d'actions de grâce à l'Éternel en ces termes :

> Nul n'est saint comme l'Éternel ; il n'y a point d'autre Dieu que toi ; il n'y a point de rocher comme notre Dieu. Ne parlez plus avec tant de hauteur ; que l'arrogance ne sorte plus de votre bouche ; car l'Éternel est un Dieu qui sait tout, et par lui sont pesées toutes les

actions. L'arc des puissants est brisé, et les faibles ont la force pour ceinture (1 S 2.2-4).

Ceux qui pensent être forts et puissants devraient s'humilier devant le Seigneur, comme Jacques nous exhorte tous à le faire : « Humiliez-vous devant le Seigneur, et il vous élèvera » (Ja 4.10).

Dans son commentaire sur les Actes des apôtres, plus particulièrement sur Actes 4.25,26, Howard Marshall écrit :

> C'est ce souverain Seigneur qui avait prédit, dans les Psaumes, les efforts vains des leaders du monde qui chercheraient à se rebeller contre lui et contre le Messie. La pensée inexprimée est parfaitement claire : il est futile pour des hommes de comploter contre un Dieu qui non seulement a créé l'univers, mais aussi a prévu leur complot (Marshall, 1980, p. 105, trad. libre).

Quand nous savons que Dieu est souverain sur toutes ses créatures et sur toutes choses qui sont dans le ciel, sur la terre et sous la terre, nous devrions tous nous approcher de lui et dire : « Ô Dieu, tu es souverain ! Que ta volonté soit faite dans notre vie comme elle est dans le ciel ! »

2. Manifestations de la souveraineté de Dieu

Si vous lisez avec attention la Parole de Dieu, vous verrez que Dieu a démontré sa souveraineté à travers plusieurs actions. Notons seulement quelques-unes d'entre elles :

- le refoulement de la Mer Rouge pour la traversée des Israélites (Ex 14.21*b*,22) ;
- la provision du pain du ciel ou de la manne dans le désert (Ex 16.4) ;
- la provision de la viande (cailles) dans le désert (No 11) ;
- le regorgement du Jourdain (Jos 3) ;

- l'écroulement de la muraille de Jéricho (Jos 6) ;
- l'arrêt du soleil dans sa course (Jos 10.12-15) ;
- la multiplication des pains (Jn 6.1-13) ;
- la guérison des malades et la résurrection des morts (Jn 4.46-54 ; 5.1-10 ; 9.1-7 ; 11.17-46 ; Lu 7.11-17).

Ces exemples et bien d'autres encore révèlent que notre Dieu est souverain. Il fait ce qu'il veut, quand il le veut, à qui il veut, comme il le veut. Et personne ne peut l'en empêcher. Il fait tout ce qu'il veut sans explication, sans permission, sans apologie ou excuse.

B. Discussion au sujet de la souveraineté de Dieu

Certains ont un problème avec la souveraineté de Dieu. D'autres évitent les textes qui enseignent la souveraineté de Dieu. Un étudiant de la Parole de Dieu qui fait preuve de rigueur ne peut pas et ne doit pas éviter les textes qui enseignent cette grande vérité. Plusieurs posent fréquemment les deux questions suivantes.

La première concerne la souveraineté de Dieu dans le salut. Lorsqu'ils lisent des passages comme Éphésiens 1.4, Actes 13.48, Romains 8.28,29, ils s'interrogent ainsi : « Comment se fait-il que Dieu ait choisi certains individus en Christ avant la fondation du monde ? » Ces individus trouvent qu'il est difficile de réconcilier l'élection souveraine de Dieu avec la responsabilité humaine. Or, la Bible enseigne ces deux vérités : Dieu a souverainement choisi et l'homme est invité à choisir. Dieu ne nous demande pas de les réconcilier. Il n'y a pas de contradiction entre elles. Le problème est notre problème, et non pas celui de Dieu.

Essayons tout de même d'y apporter une certaine explication. Le fait que Dieu a choisi certains pour être sauvés ne veut pas dire qu'il a choisi les autres pour être perdus. Le monde est déjà perdu dans ses péchés. Si Dieu n'avait pas pris l'initiative de choisir, personne ne serait sauvé. Jésus dit dans Jean 6.44 : « Nul ne peut venir à moi, si le Père qui m'a envoyé ne l'attire ; et je le ressusciterai au dernier jour. » John MarArthur, dans son explication de la souveraineté de Dieu dans l'élection, écrit ce qui suit :

> Je crois que cette souveraine élection ne contredit pas et n'annule pas la responsabilité de l'homme de se repentir et de croire en Christ comme Sauveur et Seigneur (Ez 18.23,32 ; 33.11 ; Jn 3.18,19,36 ; 5.40 ; 2 Th 2.10-12 ; Ap 22.17). Néanmoins, puisque la grâce souveraine inclut les moyens de recevoir le don du salut aussi bien que le don lui-même, l'élection souveraine entraînera ce que Dieu décide. Tous ceux que le Père appelle à lui viendront à la foi et tous ceux qui viennent à la foi seront reçus par le Père (Jn 6.37-40,44 ; Ac 13.48 ; Ja 4.8) (MacArthur, 1979, p. 2216).

Dieu n'exerce jamais sa souveraineté en condamnant les hommes qui devraient être sauvés, mais en sauvant ceux qui devraient être perdus. La seule façon de savoir si on fait partie des élus, c'est en acceptant Christ comme son Sauveur et Seigneur. L'apôtre Paul écrit :

> Nous savons, frères bien-aimés de Dieu, que vous avez été élus ; notre Évangile ne vous ayant pas été prêché en paroles seulement, mais avec puissance, avec l'Esprit Saint, et avec une pleine persuasion ; car vous n'ignorez pas que nous nous sommes montrés ainsi parmi vous, à cause de vous. Et vous-mêmes, vous avez été mes imitateurs et ceux du Seigneur, en recevant la parole au milieu de beaucoup d'afflictions, avec la joie du Saint-Esprit, en sorte que vous êtes devenus un modèle pour tous les croyants de la Macédoine et de l'Achaïe (1 Th 1.4-7).

Dieu nous tient responsables d'accepter Christ par un acte de volonté. Lisez ce que Christ dit aux Juifs : « Vous sondez les Écritures, parce que vous pensez avoir en elles la vie éternelle : ce sont elles qui rendent témoignage de moi. Et vous ne voulez pas venir à moi pour avoir la vie ! » (Jn 5.39,40.) Tout pécheur sauvé devrait se poser cette question : Pourquoi Dieu m'a-t-il choisi ? Cette question devrait nous conduire à être de vrais adorateurs pour toute l'éternité.

La deuxième question concerne le péché et le mal. Quand les gens entendent des nouvelles au sujet des ravages causés par des ouragans, des tempêtes, des tremblements de terre, des meurtres, des maladies mortelles, ils s'interrogent ainsi : « Pourquoi Dieu a-t-il permis le péché, la maladie, les ravages, les dégâts, etc. ? » John MacArthur écrit : « Bien que souverain, Dieu n'est pas l'auteur du péché et ne l'approuve pas (Ha 1.13), et il ne diminue pas la responsabilité des êtres qu'il a créés dotés d'un sens moral et d'intelligence (1 Pi 1.17) » (*Ibid.*, p. 2214).

La Bible énonce clairement que tout ce que Dieu a créé était très bon (Ge 1.31). L'homme a été créé avec la liberté de choisir. Dieu savait qu'il pouvait se rebeller contre lui. Cependant, il l'a créé libre. Il aurait pu le concevoir comme un robot qui l'aurait loué toutes les heures. Mais Dieu l'a créé libre pour qu'il choisisse de l'adorer librement. Cette décision de sa part confère plus de gloire à Dieu. Or, Adam et Ève ont choisi de désobéir à l'Éternel en écoutant la voix de Lucifer (devenu Satan après sa chute) qui s'était déjà rebellé contre Dieu dans le ciel. Les conséquences du péché de désobéissance de l'homme sont la maladie, la douleur, les crimes, les tragédies, la mort et toutes sortes de catastrophes naturelles. Toutefois, le mal ne peut pas contrecarrer les desseins de Dieu. Il est venu à nous avec le plan du salut. Tous ceux qui se soumettent à la souveraineté de Dieu et qui croient en Christ pour leur salut seront délivrés totalement et éternellement de toutes les conséquences du péché (Ap 21.1-7).

La doctrine de la souveraineté de Dieu n'est pas réellement un problème. Le véritable problème, c'est que les hommes, en raison de leur orgueil, n'aiment pas cet aspect du caractère de Dieu qui leur paraît troublant et humiliant. Dans son ouvrage *L'Église : un bilan de santé,* le pasteur et auteur américain Marc Dever écrit :

> Le Dieu de la Bible est Créateur et Seigneur. Pourtant, même au sein de l'Église, il arrive que sa souveraineté soit contestée. Les gens qui professent être chrétiens et qui refusent l'idée d'un Dieu souverain sur la création et le salut jonglent avec un paganisme pieux. Certains poseront des questions franches à ce sujet, mais nous devrions nous inquiéter devant un refus obstiné d'accepter la souveraineté de Dieu (Dever, 2008, p. 71).

Le Dieu de la Bible, le Père de notre Seigneur Jésus-Christ, est souverain ! Voilà notre Dieu et notre Père en Jésus-Christ ! Adorons-le !

C. Bénédictions et leçons associées à la souveraineté de Dieu

La doctrine de la souveraineté de Dieu est une bénédiction pour l'humanité et particulièrement pour les enfants de Dieu, et nous pouvons en tirer plusieurs leçons salutaires.

Premièrement, *la souveraineté de Dieu est la base de la garantie de tous ses autres attributs.* Tous les autres attributs de Dieu dépendent en grande partie de sa souveraineté. Prenons par exemple l'amour et la justice de Dieu. Dieu aime, mais sans sa souveraineté, les circonstances pourraient contrarier la manifestation de son amour. Dieu est juste, mais sans sa souveraineté, il ne pourrait pas établir la justice là où il veut. Dieu est souverain ! Alléluia !

Deuxièmement, *la doctrine de la souveraineté de Dieu approfondit notre vénération et notre adoration du vrai Dieu.* Le fait de savoir qu'il est impossible de résister à sa volonté, ses buts et son plan augmente notre vénération de Dieu. Le psalmiste écrit :

« Tout ce que l'Éternel veut, il le fait, dans les cieux et sur la terre, dans les mers et dans tous les abîmes » (Ps 135.6). C'est aussi ce qu'a déclaré le roi Nebucadnetsar après son humiliation causée par son arrogance : « Tous les habitants de la terre ne sont à ses yeux que néant : il agit comme il lui plaît avec l'armée des cieux et avec les habitants de la terre, et il n'y a personne qui résiste à sa main et qui lui dise : Que fais-tu ? » (Da 4.35.)

Troisièmement, *la doctrine de la souveraineté de Dieu constitue un grand encouragement et une grande joie pour les croyants dans leur ministère d'évangélisation.* Ils annoncent l'Évangile avec la confiance que leur Dieu souverain peut changer les rebelles en hommes obéissants, les perdus en sauvés, les esclaves du diable en serviteurs de Dieu, les incroyants en croyants, les candidats à l'enfer en citoyens du ciel. De plus, il appelle ceux qu'il veut. Il utilise les gagneurs d'âmes comme de simples instruments.

Quatrièmement, *la connaissance de la souveraineté de Dieu nous donne un grand sens de sécurité et de protection.* Nous n'avons aucune sécurité en nous-mêmes. Mais notre Père est souverain. Il a le contrôle absolu sur tous les saints anges, tous les anges rebelles, tous les hommes, tous les animaux et toutes choses. Rien ne peut nous arriver par accident. Nous ne sommes pas les victimes du hasard. C'est pourquoi l'apôtre Paul pouvait dire :

> Nous savons, du reste, que toutes choses concourent au bien de ceux qui aiment Dieu, de ceux qui sont appelés selon son dessein. Car ceux qu'il a connus d'avance, il les a aussi prédestinés à être semblables à l'image de son Fils, afin que son Fils soit le premier-né entre beaucoup de frères. Et ceux qu'il a prédestinés, il les a aussi appelés ; et ceux qu'il a appelés, il les a aussi justifiés ; et ceux qu'il a justifiés, il les a aussi glorifiés. Que dirons-nous donc à l'égard de ces choses ? Si Dieu est pour nous, qui sera contre nous ? (Ro 8.28-31.)

L'auteur de l'épître aux Hébreux, s'appuyant sur la vérité de la souveraineté de Dieu, écrit à juste titre : « C'est donc avec assurance que nous pouvons dire : Le Seigneur est mon aide, je ne craindrai rien ; que peut me faire un homme ? » (Hé 13.6.) John MacArthur présente sous forme de liste l'étendue de la souveraineté de Dieu. Il écrit :

> Seul Dieu est Roi et il est Roi sur tous. Voici certains passages qui affirment la vérité que Dieu exerce l'autorité absolue :
>
> - Dieu est souverain sur Satan et les démons (Job 1.12 ; 2.6 ; Lu 8.31 ; 22.31 ; 1 Co 15.25 ; Ap 20.10-15).
> - Dieu est souverain sur le mal et le péché (Pr 16.4 ; La 3.38 ; Lu 5.21).
> - Dieu est souverain sur les nations (2 Ch 20.6 ; Ps 20.7 ; Pr 21.1 ; Jn 19.11 ; Ac 17.26 ; Ro 13.2).
> - Dieu est souverain sur la nature, y compris les catastrophes naturelles (Ps 50.10 ; 107.29 ; Am 4.7 ; Na 1.3-6 ; Mt 5.45 ; Lu 8.24).
> - Dieu est souverain sur la maladie et la mort (Ex 15.26 ; De 32.39 ; 2 R 20.5 ; Mt 4.23 ; Mc 6.56 ; Jn 9.3 ; 11.4 ; Ac 4.29,30 ; 1 Co 15.26).
> - Dieu est souverain sur les autres personnes et leurs décisions (Ex 8.15 ; Esd 6.22 ; Pr 21.1 ; Ac 13.48 ; Ro 9.17,18).
> - Dieu est souverain sur nos plans personnels (Pr 16.9 ; 19.21 ; Ja 4.13-15).
> - Dieu est souverain sur la « chance » et le « destin » (Job 20.29 ; Pr 16.33 ; Jon 1.3-10 ; Ac 1.24-27).
> - Dieu est souverain sur tout dans l'univers (Ps 115.3 ; 135.6 ; Ro 8.38,39 ; Ép 1.1).
>
> (MacArthur, 2009, p. 202-203, trad. libre.)

Cinquièmement, *la connaissance de la souveraineté de Dieu nous donne de la paix et du réconfort au milieu des épreuves, des tentations, des persécutions et de la tristesse.* Nos épreuves, nos tentations et nos tribulations sont contrôlées par Dieu et sont permises pour sa gloire, son but et pour notre bien. Dieu a le contrôle absolu sur toutes nos circonstances et nos situations. C'est la raison pour laquelle Paul a pu affirmer : « Aucune tentation ne vous est survenue qui n'ait été humaine, et Dieu, qui est fidèle, ne permettra pas que vous soyez tentés au-delà de vos forces ; mais avec la tentation il préparera aussi le moyen d'en sortir, afin que vous puissiez la supporter » (1 Co 10.13). Howard Marshall, dans son commentaire sur Actes 4.23-31, écrit :

> La prière indique que l'Église primitive se tournait vers Dieu dans les moments de persécution, trouvait du réconfort dans le fait qu'il savait à l'avance ce qui arriverait et réclamait de la force pour continuer son ministère d'évangélisation (Marshall, 1980, p. 104, trad. libre).

Sixièmement, *les hommes ne devraient jamais adorer un autre que le Très-Haut, le Dieu Créateur.* Voilà une autre leçon et bénédiction au sujet de la souveraineté de Dieu. L'adoration de soi, de Satan, des idoles, des animaux, des hommes, des « saints » et d'autres choses sont une abomination devant le souverain Dieu. Tous les hommes devraient porter attention à l'ordre du roi Nebucadnetsar : « Voici maintenant l'ordre que je donne : tout homme, à quelque peuple, nation ou langue qu'il appartienne, qui parlera mal du Dieu de Schadrac, de Méschac et d'Abed Nego, sera mis en pièces, et sa maison sera réduite en un tas d'immondices, parce qu'il n'y a aucun autre dieu qui puisse délivrer comme lui » (Da 3.29).

De même, le roi Darius a exhorté tous les hommes de son royaume à adorer le Dieu Créateur et Sauveur :

J'ordonne que, dans toute l'étendue de mon royaume, on ait de la crainte et de la frayeur pour le Dieu de Daniel. Car il est le Dieu vivant, et il subsiste éternellement ; son royaume ne sera jamais détruit, et sa domination durera jusqu'à la fin. C'est lui qui délivre et qui sauve, qui opère des signes et des prodiges dans les cieux et sur la terre. C'est lui qui a délivré Daniel de la puissance des lions (Da 6.26,27).

Tous les hommes devraient dire à haute voix : « L'Éternel, notre Dieu, est le seul Éternel » (De 6.4).

Septièmement, *les hommes, quels que soient leur couleur, leur nationalité, leur statut social, leur popularité et leur position, ne devraient jamais se faire servir comme des monarques, dictateurs et souverains.* Tous ceux qui ont tenté de le faire ont été punis et humiliés par Dieu. À cet égard, l'exemple de l'humiliation du roi Nebucadnetsar est vraiment frappant. Dieu lui a dit :

> Apprends, roi Nebucadnetsar, qu'on va t'enlever le royaume. On te chassera du milieu des hommes, tu auras ta demeure avec les bêtes des champs, on te donnera comme aux bœufs de l'herbe à manger ; et sept temps passeront sur toi, jusqu'à ce que tu saches que le Très-Haut domine sur le règne des hommes et qu'il le donne à qui il lui plaît (Da 4.31*b*,32).

L'humiliation et le jugement d'Hérode rapportés dans Actes 12 étaient encore pires : « À un jour fixé, Hérode, revêtu de ses habits royaux, et assis sur son trône, les harangua publiquement. Le peuple s'écria : Voix d'un dieu, et non d'un homme ! Au même instant, un ange du Seigneur le frappa, parce qu'il n'avait pas donné gloire à Dieu. Et il expira, rongé des vers » (Ac 12.21-23). Par ces actes, Dieu veut que tous les hommes apprennent que l'autorité absolue n'est jamais en sécurité entre les mains des hommes. Il est le seul souverain. Adorons-le !

Huitièmement, *ceux qui se croient sages, grands et puissants devraient s'humilier devant le Très-Haut, le Dieu souverain, pour l'adorer et le servir.* Dieu humilie les orgueilleux, mais il fait grâce aux humbles. Le roi Nebucadnetsar, après avoir été humilié et avoir appris ses leçons dans des conditions très difficiles, a déclaré ceci : « Maintenant, moi, Nebucadnetsar, je loue, j'exalte et je glorifie le roi des cieux, dont toutes les œuvres sont vraies et les voies justes, et qui peut abaisser ceux qui marchent avec orgueil » (Da 4.37). C'est vrai.

Dieu peut abaisser ceux qui marchent avec orgueil. Nous vous invitons tous à suivre le conseil et l'exhortation de l'apôtre Pierre. Il écrit : « De même, vous qui êtes jeunes, soyez soumis aux anciens. Et tous, dans vos rapports mutuels, revêtez-vous d'humilité ; car Dieu résiste aux orgueilleux, mais il fait grâce aux humbles. Humiliez-vous donc sous la puissante main de Dieu, afin qu'il vous élève au temps convenable » (1 Pi 5.5,6). Le psalmiste, dans le Psaume 148, adresse à juste titre cette invitation à toutes les créatures :

Louez l'Éternel ! Louez l'Éternel du haut des cieux ! Louez-le dans les lieux élevés ! Louez-le, vous tous ses anges ! Louez-le, vous toutes ses armées ! Louez-le, soleil et lune ! Louez-le, vous toutes, étoiles lumineuses ! Louez-le, cieux des cieux, et vous, eaux qui êtes au-dessus des cieux ! Qu'ils louent le nom de l'Éternel ! Car il a commandé, et ils ont été créés. Il les a affermis pour toujours et à perpétuité ; il a donné des lois, et Il ne les violera point. Louez l'Éternel du bas de la terre, monstres marins, et vous tous, abîmes, feu et grêle, neige et brouillards, vents impétueux, qui exécutez ses ordres, montagnes et toutes les collines, arbres fruitiers et tous les cèdres, animaux et tout le bétail, reptiles et oiseaux ailés, rois de la terre et tous les peuples, princes et tous les juges de la terre, jeunes hommes et jeunes filles, vieillards et enfants ! Qu'ils louent le nom de l'Éternel ! Car son nom seul est élevé ; sa majesté est au-dessus de la terre et des cieux. Il a relevé la force de son peuple : sujet de louange pour tous ses fidèles, pour les enfants d'Israël, du peuple qui est près de lui. Louez l'Éternel ! (Ps 148.)

Neuvièmement, *la doctrine de la souveraineté est un thème d'adoration approprié*. Nous devons nous abaisser devant lui avec louange et adoration, car il en est digne. Les paroles écrites par l'apôtre Jean dans le livre de l'Apocalypse nous donnent une bonne idée de l'adoration du Dieu souverain dans le ciel. Il écrit :

> Les quatre êtres vivants ont chacun six ailes, et ils sont remplis d'yeux tout autour et au dedans. Ils ne cessent de dire jour et nuit : Saint, saint, saint est le Seigneur Dieu, le Tout-Puissant, qui était, qui est, et qui vient ! Quand les êtres vivants rendent gloire, honneur et actions de grâces à celui qui est assis sur le trône, à celui qui vit aux siècles des siècles, les vingt-quatre vieillards se prosternent devant celui qui est assis sur le trône, ils adorent celui qui vit aux siècles des siècles, et ils jettent leurs couronnes devant le trône, en disant : Tu es digne, notre Seigneur et notre Dieu, de recevoir la gloire, l'honneur et la puissance ; car tu as créé toutes choses, et c'est par ta volonté qu'elles existent et qu'elles ont été créées (Ap 4.8-11).

Dixièmement, *puisque Dieu est souverain, il est indispensable que nous nous soumettions à lui maintenant même et sans délai.* Chacun devrait suivre le conseil du psalmiste qui nous invite à adorer et louer le Dieu souverain, à éviter l'exemple d'endurcissement et de rébellion du peuple d'Israël dans le désert, et à se soumettre à lui aujourd'hui même. Écoutez-le :

> Venez, chantons avec allégresse à l'Éternel ! Poussons des cris de joie vers le rocher de notre salut. Allons au-devant de lui avec des louanges, faisons retentir des cantiques en son honneur ! Car l'Éternel est un grand Dieu, il est un grand roi au-dessus de tous les dieux. Il tient dans sa main les profondeurs de la terre, et les sommets des montagnes sont à lui. La mer est à lui, c'est lui qui l'a faite ; la terre aussi, ses mains l'ont formée. Venez, prosternons-nous et humilions-nous, fléchissons le genou devant l'Éternel, notre créateur ! Car il est notre Dieu, et nous sommes le peuple dont il est le berger, le troupeau que sa main conduit… Oh ! si vous pouviez écouter aujourd'hui sa voix ! N'endurcissez pas votre cœur, comme à Meriba, comme à la journée de Massa, dans le désert, où vos pères me tentèrent, m'éprouvèrent, quoiqu'ils aient vu mes œuvres.

Pendant quarante ans j'eus cette race en dégoût, et je dis : C'est un peuple dont le cœur est égaré ; ils ne connaissent pas mes voies. Aussi je jurai dans ma colère : Ils n'entreront pas dans mon repos ! (Ps 95.)

La meilleure décision que les hommes puissent prendre, c'est de coopérer avec le Dieu souverain, et ils devraient le faire volontairement. Écoutez ce que l'Éternel dit au peuple d'Israël par le prophète Jérémie :

> La parole qui fut adressée à Jérémie de la part de l'Éternel, en ces mots : Lève-toi, et descends dans la maison du potier ; là, je te ferai entendre mes paroles. Je descendis dans la maison du potier, et voici, il travaillait sur un tour. Le vase qu'il faisait ne réussit pas, comme il arrive à l'argile dans la main du potier ; il en refit un autre vase, tel qu'il trouva bon de le faire. Et la parole de l'Éternel me fut adressée, en ces mots : Ne puis-je pas agir envers vous comme ce potier, maison d'Israël ? dit l'Éternel. Voici, comme l'argile est dans la main du potier, ainsi vous êtes dans ma main, maison d'Israël ! (Jé 18.1-6.)

Dieu parle encore à chacun de nous de la même manière. La réponse appropriée devrait la suivante : « Seigneur, fais ce que tu veux de moi ». Si les hommes refusent de se soumettre au Dieu souverain, il leur dira un jour : « Arrêtez, et sachez que je suis Dieu : Je domine sur les nations, je domine sur la terre » (Ps 46.11).

Voulez-vous vous soumettre à Dieu totalement ? Il est le potier, et nous sommes la boue ou le morceau d'argile. Il serait ridicule pour de la boue ou un morceau d'argile de questionner le potier ou de résister à la pression de ses mains. Notre vœu pour vous tous, c'est que chacun de vous puisse maintenant dire au Dieu souverain, à la manière de Paul : « Seigneur, que veux-tu que je fasse ? » (Ac 9.6). Et à la manière de Marie : « Je suis la servante du Seigneur ; qu'il me soit fait selon ta parole ! » (Lu 1.38.)

8

LE DIEU D'AMOUR

Bien-aimés, aimons-nous les uns les autres ; car l'amour est de Dieu, et quiconque aime est né de Dieu et connaît Dieu. Celui qui n'aime pas n'a pas connu Dieu, car Dieu est amour. L'amour de Dieu a été manifesté envers nous en ce que Dieu a envoyé son Fils unique dans le monde, afin que nous vivions par lui. Et cet amour consiste, non point en ce que nous avons aimé Dieu, mais en ce qu'il nous a aimés et a envoyé son Fils comme victime expiatoire pour nos péchés. Bien-aimés, si Dieu nous a ainsi aimés, nous devons aussi nous aimer les uns les autres. Personne n'a jamais vu Dieu ; si nous nous aimons les uns les autres, Dieu demeure en nous, et son amour est parfait en nous. Nous connaissons que nous demeurons en lui, et qu'il demeure en nous, en ce qu'il nous a donné de son Esprit. Et nous, nous avons vu et nous attestons que le Père a envoyé le Fils comme Sauveur du monde. Celui qui déclarera publiquement que Jésus est le Fils de Dieu, Dieu demeure en lui, et lui en Dieu. Et nous, nous avons connu l'amour que Dieu a pour nous, et nous y avons cru. Dieu est amour ; et celui qui demeure dans l'amour demeure en Dieu, et Dieu demeure en lui.

– 1 Jean 4.7-16

La Bible déclare que « Dieu est amour ». C'est l'une des plus belles et des plus encourageantes déclarations de la Parole de Dieu. C'est également l'une des plus mal comprises de la Bible.

« Dieu est amour. » Le fait qu'il n'y a pas d'article devant « amour », signifie que l'amour est la nature même de Dieu. Jean ne dit pas que Dieu est l'amour. Mais il affirme plutôt : « Dieu est amour ». Le fait qu'il n'y a pas d'article devant Dieu signifie aussi que cette déclaration est irréversible. On ne peut pas dire que « l'amour est Dieu », comme la science chrétienne le prétend. Le christianisme est vraiment la seule religion qui présente l'Être suprême comme amour. Les faux dieux des fausses religions et les faux dieux des païens sont des êtres colériques, haineux qui ont toujours besoin d'être apaisés, mais notre Dieu est amour. Nous énoncerons cinq remarques au sujet de l'amour de Dieu.

A. Les erreurs ou l'incompréhension au sujet de l'amour de Dieu

La Bible nous dit que Dieu aime l'humanité entière. L'apôtre Jean écrit : « Car Dieu a tant aimé le monde qu'il a donné son Fils unique, afin que quiconque croit en lui ne périsse point, mais qu'il ait la vie éternelle » (Jn 3.16). Or, beaucoup sont dans l'erreur au sujet de l'amour de Dieu. Notons certaines de ces erreurs.

La première erreur commise par certains, c'est *qu'ils mesurent l'amour de Dieu envers eux d'après leurs circonstances.* Quand ils font face à des problèmes, tribulations ou épreuves (accident, maladie, problèmes financiers, problèmes familiaux ou décès, par exemple), ils s'empressent de dire : « Si Dieu m'aime vraiment, pourquoi permet-il que ces choses m'arrivent ? ». Cependant, plusieurs facteurs peuvent être à la base de nos problèmes : une conséquence du péché en général, une conséquence de nos péchés, une conséquence du péché des autres, une attaque du diable et de ses démons, un test venant de Dieu. Le fait que notre Dieu exerce son contrôle sur toutes choses devrait toutefois nous réconforter.

Une autre erreur ou incompréhension au sujet de la doctrine de l'amour est ainsi formulée : *Si Dieu m'aime vraiment, il ne devrait pas me punir.* Ceux qui ont commis cette erreur voient le châtiment comme un manque d'amour de la part de Dieu. Notons que l'amour comporte à la fois l'affection et la correction. Tout bon parent donne de l'affection à ses enfants et les corrige ou les discipline pour leur bien. Cette correction ou discipline est une manifestation du véritable amour des parents. Ainsi, l'auteur de l'épître aux Hébreux nous dit :

> Et vous avez oublié l'exhortation qui vous est adressée comme à des fils : Mon fils, ne méprise pas le châtiment du Seigneur, et ne perds pas courage lorsqu'il te reprend ; car le Seigneur châtie celui qu'il aime, et il frappe de la verge tous ceux qu'il reconnaît pour ses fils. Supportez le châtiment : c'est comme des fils que Dieu vous traite ; car quel est le fils qu'un père ne châtie pas ? Mais si vous êtes exempts du châtiment auquel tous ont part, vous êtes donc des enfants illégitimes, et non des fils (Hé 12.5-8).

L'amour véritable cherche toujours le bien de l'être aimé. Il peut y avoir de l'égoïsme chez l'homme, mais jamais chez Dieu.

Une troisième incompréhension au sujet de l'amour de Dieu, c'est que *certains voient la création de Satan comme un manque d'amour.* Pour eux, si Dieu aimait vraiment, il n'aurait pas créé Satan. Toutefois, Dieu a créé Lucifer, l'ange de lumière qui a choisi la désobéissance et la rébellion, et qui est devenu Satan. La Bible dit que Lucifer était une créature parfaite. Le prophète Ezéchiel nous dit :

> Ainsi parle le Seigneur, l'Éternel : Tu mettais le sceau à la perfection, tu étais plein de sagesse, parfait en beauté. Tu étais en Éden, le jardin de Dieu ; tu étais couvert de toute espèce de pierres précieuses, de sardoine, de topaze, de diamant, de chrysolithe, d'onyx, de jaspe, de saphir, d'escarboucle, d'émeraude, et d'or ; tes tambourins et tes

flûtes étaient à ton service, préparés pour le jour où tu fus créé. Tu étais un chérubin protecteur, aux ailes déployées ; je t'avais placé et tu étais sur la sainte montagne de Dieu ; tu marchais au milieu des pierres étincelantes. Tu as été intègre dans tes voies, depuis le jour où tu fus créé jusqu'à celui où l'iniquité a été trouvée chez toi (Éz 28.12*b*-15).

La quatrième erreur ou incompréhension de certains au sujet de la doctrine de l'amour de Dieu, c'est *qu'ils considèrent la condamnation des inconvertis dans l'enfer éternel comme un manque d'amour*. L'amour de Dieu n'opère pas sans ses autres attributs. Son amour n'élimine pas sa sainteté et sa justice. Certes, il aime les hommes, mais à cause de sa sainteté, Dieu ne peut ignorer le péché. En raison de sa justice, Dieu doit rendre à chacun ce que méritent ses décisions et ses actes. « Car le salaire du péché, c'est la mort ; mais le don gratuit de Dieu, c'est la vie éternelle en Jésus-Christ notre Seigneur » (Ro 6.23). L'amour de Dieu ne peut pas sauver ceux qui rejettent Christ ou qui refusent d'accepter son don et qui choisissent de mourir dans leurs péchés, car il est juste.

Paul, en parlant de la justice dans le jugement de ceux qui rejettent le sacrifice de Dieu et l'offre de la vie éternelle, écrit :

> Car il est de la justice de Dieu de rendre l'affliction à ceux qui vous affligent, et de vous donner, à vous qui êtes affligés, du repos avec nous, lorsque le Seigneur Jésus apparaîtra du ciel avec les anges de sa puissance, au milieu d'une flamme de feu, pour punir ceux qui ne connaissent pas Dieu et ceux qui n'obéissent pas à l'Évangile de notre Seigneur Jésus. Ils auront pour châtiment une ruine éternelle, loin de la face du Seigneur et de la gloire de sa force (2 Th 1.6-9).

Nous vous invitons à croire à la doctrine de l'amour de Dieu. Il est absolument vrai et certain que Dieu vous aime. Acceptez son amour. Nous vous encourageons à ne plus accorder crédit à ces conceptions erronées concernant l'amour de Dieu. À ce sujet, l'auteur J. I. Packer, dans son ouvrage *Connaître Dieu*, écrit :

> … l'amour de Dieu […] s'apparente plutôt à une résolution spontanée ; de tout son être, Dieu a résolu d'adopter envers l'homme une attitude bienveillante et bienfaisante et cette attitude est librement choisie et fermement arrêtée. Aucune circonstance, aucune vicissitude dans l'amour du Dieu tout-puissant qui est esprit. Son amour est « fort comme la mort […] Les grandes eaux ne peuvent éteindre l'amour (Ca 8.6,7). Rien ne peut séparer de l'amour de Dieu ceux qui lui appartiennent (Ro 8.35-39) (Packer, 1994, p. 137).

B. Les objets de l'amour de Dieu

Quand nous parlons de l'amour de Dieu, il est important d'énumérer certains des objets de son amour. Il faut d'abord noter que *Jésus-Christ, son Fils unique, est l'objet particulier de son amour*. À deux occasions au moins, il déclare que Jésus-Christ est son Fils bien-aimé. En parlant du baptême de Jésus, Matthieu écrit : « Dès que Jésus eut été baptisé, il sortit de l'eau. Et voici, les cieux s'ouvrirent, et il vit l'Esprit de Dieu descendre comme une colombe et venir sur lui. Et voici, une voix fit entendre des cieux ces paroles : Celui-ci est mon Fils bien-aimé, en qui j'ai mis toute mon affection » (Mt 3.16,17). Dieu le Père nous dit pour la deuxième fois que Jésus est l'objet particulier de son amour lors de la transfiguration : « Comme il parlait encore, une nuée lumineuse les couvrit. Et voici, une voix fit entendre de la nuée ces paroles : Celui-ci est mon Fils bien-aimé, en qui j'ai mis toute mon affection : écoutez-le ! » (Mt 17.5.)

Immédiatement après le Seigneur Jésus-Christ, *les croyants en Christ sont les objets particuliers de l'amour du Père*. Tous les vrais chrétiens, en tant que fils et filles bien-aimés du Père, sont devenus membres de sa famille glorieuse. L'apôtre Jean nous parle de cet amour de Dieu pour ses enfants obéissants en ces termes : « Celui qui a mes commandements et qui les garde, c'est celui qui m'aime ; et celui qui m'aime sera aimé de mon Père, je l'aimerai, et je me ferai connaître à lui […] Si quelqu'un m'aime, il gardera ma parole, et mon Père l'aimera ; nous viendrons à lui, et nous ferons notre demeure chez lui » (Jn 14.21,23).

L'apôtre Jean, parlant de l'amour de Dieu pour les chrétiens, nous dit : « Car le Père lui-même vous aime, parce que vous m'avez aimé, et que vous avez cru que je suis sorti de Dieu » (Jn 16.27). L'apôtre, citant son Maître et Seigneur, arrive même à nous faire comprendre que Dieu le Père aime les chrétiens de la même manière qu'il a aimé son Fils, Jésus-Christ. En effet, dans sa prière pour ses disciples et pour tous les saints, Jésus dit : « Je leur ai donné la gloire que tu m'as donnée, afin qu'ils soient un comme nous sommes un, – moi en eux, et toi en moi, – afin qu'ils soient parfaitement un, et que le monde connaisse que tu m'as envoyé et que tu les as aimés comme tu m'as aimé » (Jn 17.22,23). Warren Wiersbe, dans son commentaire sur la première épître de Jean, fait cette déclaration au sujet de l'amour de Dieu pour les chrétiens :

> L'amour de Dieu est *proclamé* dans la Parole (« Dieu est amour ») et *prouvé* à la croix. Mais, il y a plus : l'amour de Dieu est *rendu parfait* dans le croyant. Aussi extraordinaire que cela puisse paraître, cet amour n'est pas rendu parfait dans les anges, mais dans les pécheurs sauvés par grâce ! Nous chrétiens, nous sommes désormais les tabernacles et les temples dans lesquels Dieu habite. Il manifeste son amour par notre intermédiaire (Wiersbe, 2014, p. 131).

La Bible enseigne aussi que Dieu aime *les inconvertis et les hommes méchants*. Nous pouvons lire cette note d'amour dans plusieurs textes :

Car Dieu a tant aimé le monde qu'il a donné son Fils unique, afin que quiconque croit en lui ne périsse point, mais qu'il ait la vie éternelle (Jn 3.16).

Car, lorsque nous étions encore sans force, Christ, au temps marqué, est mort pour des impies. À peine mourrait-on pour un juste ; quelqu'un peut-être mourrait pour un homme de bien. Mais Dieu prouve son amour envers nous, en ce que, lorsque nous étions encore des pécheurs, Christ est mort pour nous (Ro 5.6-8).

Mais Dieu, qui est riche en miséricorde, à cause du grand amour dont il nous a aimés, nous qui étions morts par nos offenses, nous a rendus vivants avec Christ (c'est par grâce que vous êtes sauvés) ; il nous a ressuscités ensemble, et nous a fait asseoir ensemble dans les lieux célestes, en Jésus-Christ, afin de montrer dans les siècles à venir l'infinie richesse de sa grâce par sa bonté envers nous en Jésus-Christ (Ép 2.4-7).

Dieu aime les inconvertis, et il désire qu'ils soient sauvés. Nous lisons dans 1 Timothée 2.3,4 les paroles suivantes : « Cela est bon et agréable devant Dieu notre Sauveur, qui veut que tous les hommes soient sauvés et parviennent à la connaissance de la vérité. » Cela veut dire que si vous n'êtes pas sauvés, c'est à cause de votre rébellion, de votre endurcissement et de votre incroyance. Car Dieu vous aime et désire que vous soyez sauvés.

C. Les manifestations ou expressions de l'amour de Dieu

Dieu aime tous les hommes. Mais comment Dieu manifeste-t-il son amour ? Il le fait de plusieurs manières. Premièrement, *il a manifesté son grand amour pour nous à travers le sacrifice de la croix* pour le salut des hommes. Il est écrit : « Car Dieu a tant aimé le monde qu'il a donné son Fils unique, afin que quiconque croit en lui ne périsse point, mais qu'il ait la vie éternelle » (Jn 3.16). David

Jeremiah, pasteur et auteur américain, dans le commentaire sur Jean 3.16 dans sa Bible d'étude, écrit : « Ce verset seul dit plus au sujet de Dieu et de son plan pour le monde que tout autre verset de la Bible. Dieu a donné la chose la plus extravagante possible pour démontrer son amour envers l'humanité perdue, en appelant et en envoyant son Fils unique pour payer la dette du péché » (Jeremiah, 2013, p. 1445, trad. libre).

Dans sa première épître, l'apôtre Jean déclare : « L'amour de Dieu a été manifesté envers nous en ce que Dieu a envoyé son Fils unique dans le monde, afin que nous vivions par lui. Et cet amour consiste, non point en ce que nous avons aimé Dieu, mais en ce qu'il nous a aimés et a envoyé son Fils comme victime expiatoire pour nos péchés » (1 Jn 4.9,10). La mort de Christ sur la croix est la plus grande manifestation de l'amour de Dieu.

Deuxièmement, *Dieu a manifesté son amour à travers le pardon complet et total du péché du pénitent.* Tous ceux qui s'approchent de Dieu sincèrement et humblement pour lui demander pardon pour leurs péchés sont pardonnés totalement. Dieu déclare par l'intermédiaire du prophète Ésaïe : « Venez et plaidons ! dit l'Éternel. Si vos péchés sont comme le cramoisi, ils deviendront blancs comme la neige ; s'ils sont rouges comme la pourpre, ils deviendront comme la laine » (1.18). Le prophète dit encore : « Voici, mes souffrances mêmes sont devenues mon salut ; tu as pris plaisir à retirer mon âme de la fosse de la destruction, car tu as jeté derrière toi tous mes péchés » (És 38.17).

Dans sa lettre aux Éphésiens, l'apôtre Paul enseigne presque la même chose : « Mais Dieu, qui est riche en miséricorde, à cause du grand amour dont il nous a aimés, nous qui étions morts par nos offenses, nous a rendus vivants avec Christ (c'est par grâce que vous êtes sauvés) » (Ép 2.4,5). Dans son commentaire sur l'amour et la miséricorde de Dieu, l'auteur Mark K. Denver, dans son ouvrage *Nine Marks of a Healthy Church,* écrit :

Étroitement lié à l'idée de la fidélité de Dieu est le fait qu'il est un Dieu d'amour, lui qui a un amour particulier pour le peuple de son alliance. Dieu nous a créés pour refléter son image. Il nous a créés pour nous unir à lui. Ainsi comment le Seigneur pourrait-il «pardonner le péché» et en même temps «ne pas laisser les coupables impunis»? La réponse, bien sûr, se trouve en Jésus. Il est celui qui, bien qu'il ne soit pas coupable, a pris sur lui notre culpabilité et a été puni pour nous (Dever, 2004, p. 68, trad. libre).

Troisièmement, Dieu manifeste son amour par *le pardon quotidien accordé à ses enfants*. Dans la première épître de Jean, nous lisons: «Si nous confessons nos péchés, il est fidèle et juste pour nous les pardonner, et pour nous purifier de toute iniquité» (1 Jn 1.9). David avait raison de placer en tête de liste le pardon de ses péchés quand il louait et remerciait l'Éternel pour ses multiples bienfaits. Il dit: «Mon âme, bénis l'Éternel! Que tout ce qui est en moi bénisse son saint nom! Mon âme, bénis l'Éternel, et n'oublie aucun de ses bienfaits! C'est lui qui pardonne toutes tes iniquités, qui guérit toutes tes maladies» (Ps 103.1-3).

Quatrièmement, Dieu manifeste son amour à *travers son assistance régulière aux saints dans des circonstances variées*. Le prophète Ésaïe écrit: «Dans toutes leurs détresses ils n'ont pas été sans secours, et l'ange qui est devant sa face les a sauvés; il les a lui-même rachetés, dans son amour et sa miséricorde, et constamment il les a soutenus et portés, aux anciens jours» (És 63.9). Il a écrit également: «Sion disait: L'Éternel m'abandonne, le Seigneur m'oublie! Une femme oublie-t-elle l'enfant qu'elle allaite? N'a-t-elle pas pitié du fruit de ses entrailles? Quand elle l'oublierait, moi je ne t'oublierai point. Voici, je t'ai gravée sur mes mains; tes murs sont toujours devant mes yeux» (És 49.14-16). David a donné un témoignage puissant concernant l'assistance régulière que Dieu porte à ses enfants quand il déclare: «J'ai été jeune, j'ai vieilli; et je n'ai point vu le juste abandonné, ni sa postérité mendiant son pain » (Ps 37.25).

Cinquièmement, Dieu manifeste son amour est *à travers sa bonté et sa générosité*. L'amour n'opère jamais seul. Il se présente en compagnie de plusieurs autres bonnes choses comme la bonté, la miséricorde, la patience, la grâce et la générosité. Plusieurs textes nous enseignent au sujet de la bonté et de la générosité de l'amour de Dieu. David dit : « L'Éternel est miséricordieux et compatissant, lent à la colère et plein de bonté. L'Éternel est bon envers tous, et ses compassions s'étendent sur toutes ses œuvres […] Les yeux de tous espèrent en toi, et tu leur donnes la nourriture en son temps. Tu ouvres ta main, et tu rassasies à souhait tout ce qui a vie » (Ps 145.8,9,15,16).

Luc, dans le livre des Actes, dit : « Ce Dieu, dans les âges passés, a laissé toutes les nations suivre leurs propres voies, quoiqu'il n'ait cessé de rendre témoignage de ce qu'il est, en faisant du bien, en vous dispensant du ciel les pluies et les saisons fertiles, en vous donnant la nourriture avec abondance et en remplissant vos cœurs de joie » (Ac 14.16,17). À travers les pages de la Parole de Dieu, nous pouvons lire un message clair à travers ses actes de bonté, de compassion et de générosité. Ce message est le suivant : « Dieu est amour ». Ce Dieu d'amour veut que tous les hommes expérimentent son amour.

D. Les qualités ou caractéristiques de l'amour de Dieu

Parfois, nous ne comprenons pas la doctrine de l'amour de Dieu. Néanmoins, quand nous acceptons ce que la Parole de Dieu enseigne sur cette doctrine, nous lui adressons des actions de grâce pour son grand amour envers nous. Et cet amour possède des qualités ou caractéristiques extraordinaires.

Premièrement, *l'amour de Dieu est éternel*, du fait même que Dieu est éternel. Dieu ne cesse jamais de nous aimer.

Parlant de l'éternité de l'amour de Dieu, David Jeremiah écrit :

> Si Dieu est amour, et si Dieu est éternel (Ap 1.8), alors l'amour de Dieu doit aussi être éternel. Cela signifie que son amour ne sera pas plus grand dans le futur qu'il ne l'a été dans le passé ou ne l'est dans le présent. Son amour pour nous est tout simplement stable – il ne change pas avec le temps parce que le temps ne fait pas partie de l'éternité. Dieu dit en toutes lettres au prophète Jérémie : "Oui, je t'aime d'un amour éternel..." (Jé 31.3) (Jeremiah, 2016, p. 15, trad. libre).

Ceux qui rejettent son amour ne pourront pas l'expérimenter.

On raconte l'histoire d'une petite fille qui était malade et qui faisait peu de progrès dans la récupération de sa guérison. Le docteur essayait d'en trouver la cause. Il a découvert qu'elle était très sensible, et qu'elle était assoiffée d'affection, d'amabilité et de gentillesse. Cette fillette avait besoin d'affection à toutes les quatre heures. Dieu offre mieux que cela. Dieu nous aime régulièrement, quotidiennement et éternellement. Il nous aime d'un amour éternel.

Deuxièmement, *l'amour de Dieu est immesurable*. Sa longueur, sa largeur, sa hauteur, sa profondeur sont illimitées. Paul écrit :

> En sorte que Christ habite dans vos cœurs par la foi ; étant enracinés et fondés dans l'amour, vous puissiez comprendre avec tous les saints quelle est la largeur, la longueur, la profondeur et la hauteur, et connaître l'amour de Christ, qui surpasse toute connaissance, en sorte que vous soyez remplis jusqu'à toute la plénitude de Dieu (Ép 3.17-19).

Troisièmement, nous pouvons noter d'autres qualités de l'amour de Dieu, en l'occurrence, *l'amour de Dieu est gracieux*.

Dieu ne trouve rien en nous qui mérite son amour et son affection. Et cependant, il nous aime (Ép 2.4,5). À propos de l'amour de Dieu, Mark Dever écrit :

> Avec Dieu, l'amour n'a pas de cause. Dieu ne nous aime pas « à cause de » quelque chose en nous. Son amour n'est motivé et influencé par rien en dehors de lui-même. Le choix de Dieu d'aimer est totalement dépourvu de lien causal. Et comme nous ne pouvons rien faire pour inciter Dieu à nous aimer, de même nous ne pouvons rien faire pour amener Dieu à cesser de nous aimer (Dever, 2004, trad. libre).

Notre amour pour les autres est souvent basé sur notre ignorance. Nous aimons les autres parce que nous ne les connaissons pas suffisamment. Parfois, plus nous connaissons une personne, plus l'amour que nous lui portons diminue. C'est pourquoi certains sont parfois déçus après leur mariage. Or, Dieu aime malgré son omniscience.

Quatrièmement, *l'amour de Dieu est personnel*. Dieu nous aime personnellement, et veut que chacun de nous l'aime personnellement. Le mot « quiconque » dans Jean 3.16 enseigne une vérité concernant l'individualité et la personnalité de l'amour. Notre monde compte environ sept milliards de personnes, et cependant, Dieu les aime toutes individuellement et personnellement.

Cinquièmement, *l'amour de Dieu est également incomparable*. Certains ont expérimenté l'amour d'un père, d'une mère, d'un mari, d'une épouse, d'un ami. L'amitié entre David et Jonathan constitue un bon exemple d'une franche amitié. Ils s'aimaient l'un l'autre, comme deux bons amis. Nous voyons aussi l'amour de la femme de Proverbes 31 pour son mari et ses enfants. Or, personne n'a jamais expérimenté rien de semblable à l'amour de Dieu pour nous. L'apôtre Paul s'est écrié : « Qui nous séparera de l'amour de Christ ? Sera-ce la tribulation, ou l'angoisse, ou la persécution, ou la faim, ou la nudité, ou le péril, ou l'épée ? » (Ro 8.35.) Il conclut par ces mots : « Car j'ai l'assurance que ni la mort ni la vie, ni les anges ni les dominations, ni les choses présentes ni les choses à venir, ni les puissances, ni la hauteur, ni la profondeur, ni aucune autre créature ne pourra nous séparer de l'amour de Dieu manifesté en Jésus-Christ notre Seigneur » (Ro 8.38,39).

Sixièmement, *l'amour de Dieu est impartial.* Jean nous dit : « Car Dieu a tant aimé le monde ». Matthieu écrit : « Car il fait lever son soleil sur les méchants et sur les bons, et il fait pleuvoir sur les justes et sur les injustes » (Mt 5.45). Au sujet de l'impartialité de l'amour de Dieu, John MacArthur écrit :

> Ces bénédictions sont accordées sans égard au mérite, sinon nul ne les recevrait. Dans ce que les théologiens ont traditionnellement appelé la grâce commune, Dieu est impartial dans sa bienveillance. Sous certaines formes, son amour divin et sa providence profitent à tous, même à ceux qui se rebellent contre lui ou qui nient son existence (MacArthur, 2004, p. 121).

Septièmement, la dernière qualité que nous voulons mentionner est que *l'amour de Dieu est sacrificiel.* Dieu a sacrifié son unique Fils pour sauver ceux qu'il aime. Dans Romains, nous lisons : « Mais Dieu prouve son amour envers nous, en ce que, lorsque nous étions encore des pécheurs, Christ est mort pour nous » (Ro 5.8). Et dans 1 Jean, il est écrit : « Nous avons connu l'amour, en ce qu'il a donné sa vie pour nous ; nous aussi, nous devons donner notre vie pour les frères » (3.16). Dans son commentaire sur l'Évangile selon Matthieu, John MacArthur écrit :

> Ce type d'amour altruiste et immérité dépasse complètement l'entendement. Et pourtant, il s'agit du type d'amour que notre Dieu juste et infiniment saint a eu *envers nous,* même si *nous étions encore des pécheurs.* Le Dieu qui hait toute pensée et action impie aime malgré tout les *pécheurs* qui pensent et font ces choses, même s'ils sont encore désespérément empêtrés dans leur péché. Même lorsque

les hommes haïssent ouvertement Dieu et ne désirent aucunement renoncer à leur péché, ils seront quand même l'objet de *l'amour rédempteur de Dieu tant qu'ils vivront* (MacArthur, 2008, p. 522 ; italiques pour souligner).

Cet amour, qui est éternel, immesurable, gracieux, personnel, incomparable, impartial et sacrificiel, est disponible à tous. Dieu veut que chacun expérimente son amour. Il veut donner du repos spirituel et éternel à chacun de nous si nous répondons positivement à son appel : « Venez à moi, vous tous qui êtes fatigués et chargés, et je vous donnerai du repos. Prenez mon joug sur vous et recevez mes instructions, car je suis doux et humble de cœur ; et vous trouverez du repos pour vos âmes. Car mon joug est doux, et mon fardeau léger » (Mt 11.28-30).

E. Leçons apprises de l'amour de Dieu

Nous pouvons apprendre plusieurs leçons au sujet de la doctrine de l'amour de Dieu.

D'abord, *à cause de l'amour de Dieu, nous pouvons le considérer, surtout en la personne de Jésus-Christ, comme un ami.* Car il est un Père aimant, bon, compatissant et gracieux. Il est « un ami plus intime qu'un frère » et « un ami qui aime en tout temps ». Joseph Scriven, dans un moment difficile de sa vie, alors qu'il venait de perdre sa fiancée, a écrit ce beau cantique : *Quel ami fidèle et tendre nous avons en Jésus-Christ* (*Chants d'espérance*, n° 80).

Voici une deuxième leçon importante à apprendre au sujet de l'amour de Dieu : *puisque Dieu nous aime, nous pouvons être satisfaits en lui.* Par conséquent, nous devons nous engager à ne plus nous plaindre ou murmurer de rien et à ne plus être mécontents des circonstances et situations difficiles auxquelles nous pourrions être exposés. Comme Paul, nous pouvons affirmer : « Ce n'est pas en vue de mes besoins que je dis cela, car j'ai appris à être content dans l'état où je me trouve. Je sais vivre dans l'humiliation, et je sais vivre dans l'abondance. En tout et partout j'ai appris à être rassasié et à avoir faim, à être dans l'abondance et à être dans la disette. Je puis tout par celui qui me fortifie » (Ph 4.11-13).

Nous pouvons apprendre une troisième leçon : *puisque Dieu nous aime, nous ne devons pas l'adorer et le servir à moitié*. Nous devons nous consacrer entièrement à lui et à son service. C'était l'exhortation de Paul aux croyants de Rome : « Je vous exhorte donc, frères, par les compassions de Dieu, à offrir vos corps comme un sacrifice vivant, saint, agréable à Dieu, ce qui sera de votre part un culte raisonnable » (Ro 12.1). Une telle consécration émane d'un amour profond et entier pour notre Dieu, comme l'a expliqué Jésus-Christ au docteur de la loi dans Matthieu : « Tu aimeras le Seigneur, ton Dieu, de tout ton cœur, de toute ton âme, et de toute ta pensée » (Mt 22.37). Une telle consécration traduit notre loyauté et notre sincérité envers notre Dieu.

Notez la quatrième leçon au sujet de l'amour de Dieu : *puisque Dieu nous aime, nous n'aurons pas peur de quiconque ni de quoi que ce soit*. Parce qu'il nous aime, nous ne laisserons rien dans ce monde nous conduire au découragement et à la dépression. Nous savons que nous aurons des difficultés et des tribulations dans ce monde (Jn 16.24), mais nous prendrons courage, car le Dieu tout-puissant nous aime.

La cinquième leçon que nous découvrons au sujet de cette grande doctrine est également importante : *puisque Dieu nous aime, nous devons mettre notre amour en pratique envers les autres*. Nos actes de bienfaisance et de générosité constituent une façon tangible parmi d'autres de montrer notre amour envers les autres. Jean nous exhorte en ces termes :

> Nous avons connu l'amour, en ce qu'il a donné sa vie pour nous ; nous aussi, nous devons donner notre vie pour les frères. Si quelqu'un

possède les biens du monde, et que, voyant son frère dans le besoin, il lui ferme ses entrailles, comment l'amour de Dieu demeure-t-il en lui ? Petits enfants, n'aimons pas en paroles et avec la langue, mais en actions et avec vérité (1 Jn 3.16-18).

Voici la sixième et dernière leçon que nous pouvons apprendre de la doctrine de l'amour de Dieu : *l'amour de Dieu devrait pousser tous les hommes à accepter Christ comme leur Sauveur et Seigneur.* « Car Dieu a tant aimé le monde qu'il a donné son Fils unique, afin que quiconque croit en lui ne périsse point, mais qu'il ait la vie éternelle. Dieu, en effet, n'a pas envoyé son Fils dans le monde pour qu'il juge le monde, mais pour que le monde soit sauvé par lui » (Jn 3.16,17). L'amour de Dieu en nous devrait nous presser à chercher les âmes perdues.

    On raconte l'histoire d'un homme ayant perdu son épouse. Celle-ci lui avait laissé un fils unique. Il embaucha une femme pour prendre soin de lui et de son fils. Or, après quelque temps, le fils mourut aussi. Plus tard, le père, qui était fort riche, mourut à son tour et laissa tous ses biens à l'État, car il n'avait plus d'enfant pour hériter de ses biens. L'État alla prendre possession de ses biens. On commença par vendre tout ce qui se trouvait dans la maison. La femme qui les avait servis n'avait pas d'argent pour acheter des objets coûteux. Aussi, elle acheta la photo du fils parce que personne ne voulait l'acheter. Elle trouva à l'intérieur de l'encadrement un testament qui précisait : « Je lègue tous mes biens à la personne qui aura tant aimé mon fils qu'elle achètera sa photo. » Cette pauvre femme, à cause de son amour pour le fils de cet homme, est devenue l'héritière de tous ses biens. De même, tout ce que Dieu possède appartient à tous ceux qui aiment son Fils et l'acceptent comme leur Sauveur et Seigneur.

L'amour sacrificiel de Dieu devrait pousser chacun à croire en Christ et à le servir avec consécration, dévouement et fidélité. Nous devrions tous chanter ce cantique fort approprié :

> Mon corps, mon cœur, mon âme
> Ne m'appartiennent plus.
> Ton amour les réclame ;
> Ils sont à toi, Jésus.
> (*Chants d'espérance*, n° 137)

9

LE DIEU GRACIEUX

Car la grâce de Dieu, source de salut pour tous les hommes, a été manifestée. Elle nous enseigne à renoncer à l'impiété et aux convoitises mondaines, et à vivre dans le siècle présent selon la sagesse, la justice et la piété, en attendant la bienheureuse espérance, et la manifestation de la gloire de notre grand Dieu et Sauveur Jésus-Christ. Il s'est donné lui-même pour nous, afin de nous racheter de toute iniquité, et de se faire un peuple qui lui appartienne, purifié par lui et zélé pour les bonnes œuvres.

– Tite 2.11-14

Dieu est parfait dans tout ce qu'il est. Aucun attribut de Dieu n'est plus grand qu'un autre. Ils sont tous parfaits. Toutefois, pour une raison ou une autre, la grâce de Dieu paraît aux yeux des croyants comme le premier dans la galaxie des excellences divines. Plus de chants sont composés sur la grâce de Dieu que sur tout autre attribut. Citons deux exemples, soit *Grâce infinie* et *Par sa grâce je suis sauvé*. Ces nombreux cantiques témoignant de la grâce de Dieu sont souvent inspirés par la louange et les actions de grâce à Dieu pour sa merveilleuse grâce dans le salut des perdus qui étaient condamnés à l'enfer éternel. « La grâce de Dieu, c'est sa bonté manifestée à l'égard de ceux qui ne la méritent pas »

(Thiessen, *op. cit.*, p. 101). Dieu a toujours été un Dieu de grâce autant dans l'Ancien que dans le Nouveau Testament.

La doctrine de la grâce devrait être une grande motivation pour les hommes à chercher à connaître et à servir le Dieu Créateur. Or, il arrive qu'ils ne comprennent même pas la grâce de Dieu. David Jeremiah, dans son ouvrage intitulé *Captured by Grace,* écrit au sujet de l'attribut de la grâce de Dieu :

> La grâce est l'amour non recherché, immérité et inconditionnel de Dieu. La grâce, c'est l'action du Dieu qui se lance à notre poursuite jusqu'à ce qu'il nous trouve et nous préserve pour toujours. La grâce signifie plus que nous pourrions l'exprimer en parole parce qu'elle est essentiellement ce que Dieu est. En fait, dans 1 Pierre, il est écrit que Dieu est « le Dieu de toute grâce » (1 Pi 5.10). Il est le seul qui nous donne la grâce que nous ne méritons pas (Jeremiah, 2005, p. 15, trad. libre).

Le mot « grâce », qui signifie faveur imméritée de Dieu aux hommes, est un thème très important de l'Ancien Testament. Nous lisons dans Psaumes 103.8-13 :

> L'Éternel est miséricordieux et compatissant, lent à la colère et riche en bonté ; il ne conteste pas sans cesse, il ne garde pas sa colère à toujours ; il ne nous traite pas selon nos péchés, il ne nous punit pas selon nos iniquités. Mais autant les cieux sont élevés au-dessus de la terre, autant sa bonté est grande pour ceux qui le craignent ; autant l'orient est éloigné de l'occident, autant il éloigne de nous nos transgressions. Comme un père a compassion de ses enfants, l'Éternel a compassion de ceux qui le craignent.

Dans Joël 2.13, nous lisons : « Déchirez vos cœurs et non vos vêtements, et revenez à l'Éternel, votre Dieu ; car il est compatissant et miséricordieux, lent à la colère et riche en bonté, et il se repent des maux qu'il envoie.» L'Éternel est le Dieu de compassion, de miséricorde et de grâce.

Dans le Nouveau Testament, le mot «grâce» est employé très couramment. L'apôtre Paul commence très souvent ses lettres ainsi : «Que la grâce et la paix vous soient données de la part de Dieu notre Père et du Seigneur Jésus-Christ!» (1 Co 1.3.) Jacques écrit : «Toute grâce excellente et tout don parfait descendent d'en haut, du Père des lumières, chez lequel il n'y a ni changement ni ombre de variation» (Ja 1.17). L'apôtre Pierre présente Dieu le Père comme le Dieu de grâce : «Le Dieu de toute grâce, qui vous a appelés en Jésus Christ à sa gloire éternelle, après que vous aurez souffert un peu de temps, vous perfectionnera lui-même, vous affermira, vous fortifiera, vous rendra inébranlables» (1 Pi 5.10). Les trois personnes de la Sainte Trinité sont présentées comme le Dieu de grâce. Notre Dieu est gracieux. Faisons quatre remarques au sujet de la grâce de Dieu.

A. Les caractéristiques de la grâce de Dieu

La Bible nous présente plusieurs caractéristiques de la grâce de Dieu. Premièrement, elle nous enseigne que *la grâce de Dieu est riche*. Dans Éphésiens 1.7, nous lisons : «En lui nous avons la rédemption par son sang, la rémission des péchés, selon la richesse de sa grâce».

Deuxièmement, nous apprenons que *la grâce de Dieu est souveraine*. Paul déclare dans Romains 5.21 : «... ainsi la grâce règne par la justice pour la vie éternelle, par Jésus-Christ notre Seigneur.» Dieu n'avait aucune obligation de nous sauver. Il a choisi souverainement de le faire.

Troisièmement, *la grâce de Dieu est abondante*. Il est écrit dans Romains 5.15 : «La grâce de Dieu et le don de la grâce venant d'un seul homme, Jésus-Christ, ont été abondamment répandus sur beaucoup. » Dans les versets 17 et 20 de ce même chapitre, nous lisons : « Si par l'offense d'un seul la mort a régné par lui seul, à plus forte raison ceux qui reçoivent l'abondance de la grâce et du don de la justice régneront-ils dans la vie par Jésus-Christ lui seul [...] Or, la loi est intervenue pour que l'offense abonde, mais là où le péché a abondé, la grâce a surabondé. »

Quatrièmement, *la grâce de Dieu est suffisante*. L'apôtre Paul a reçu, en réponse à ses prières pour être soulagé de son écharde, ce message réconfortant et encourageant de la part du Seigneur :

> Et il m'a dit : Ma grâce te suffit, car ma puissance s'accomplit dans la faiblesse. Je me glorifierai donc bien plus volontiers de mes faiblesses, afin que la puissance de Christ repose sur moi. C'est pourquoi je me plais dans les faiblesses, dans les outrages, dans les calamités, dans les persécutions, dans les détresses, pour Christ ; car, quand je suis faible, c'est alors que je suis fort (2 Co 12.9,10).

Cinquièmement, la Bible nous enseigne que *la grâce de Dieu est imméritée*. Cette qualité convient très bien à la définition même du mot « grâce », faveur imméritée de Dieu aux hommes. Il n'y a rien dans l'homme qui puisse attirer Dieu. Si Dieu appliquait sa justice, nous serions tous condamnés à l'enfer éternel. « Car tous ont péché et sont privés de la gloire de Dieu » (Ro 3.23).

Sixièmement, nous pouvons affirmer enfin que *la grâce de Dieu est gratuite*. La grâce de Dieu ne peut être achetée ou gagnée par la bonne réputation, les bonnes œuvres, la pratique d'actes bienveillants, l'obéissance aux commandements de Dieu, la bonne conduite, etc. Les pécheurs ne peuvent pas satisfaire à la justice de Dieu par leurs actes ou leurs œuvres. Nous devons accepter gratuitement la grâce de Dieu. Romains 4.3-5 nous dit en toutes lettres comment la grâce de Dieu a été acceptée : « Car que dit l'Écriture ? Abraham crut à Dieu, et cela lui fut imputé à justice. Or, à celui qui fait une œuvre, le salaire est imputé, non comme une grâce, mais comme une chose due; et à celui qui ne fait point d'œuvre, mais qui croit en celui qui justifie l'impie, sa foi lui est imputée à justice. » La grâce de Dieu met en œuvre notre salut, sécurise notre adoption, orchestre notre croissance spirituelle et notre maturité, supervise notre éducation, exige notre sanctification pratique, mérite notre attention et garantit notre glorification.

B. Les manifestations de la grâce de Dieu

La Bible enseigne que Dieu a manifesté sa grâce de plusieurs manières. D'abord, il l'a manifestée par *sa patience et le long délai accordé avant la condamnation du péché*. Les apôtres Paul et Pierre l'expriment ainsi :

> C'est lui que Dieu a destiné, par son sang, à être, pour ceux qui croiraient victime propitiatoire, afin de montrer sa justice, parce qu'il avait laissé impunis les péchés commis auparavant, au temps de sa patience ; il montre ainsi sa justice dans le temps présent, de manière à être juste tout en justifiant celui qui a la foi en Jésus (Ro 3.25,26).

> … qui autrefois avaient été incrédules, lorsque la patience de Dieu se prolongeait, aux jours de Noé, pendant la construction de l'arche, dans laquelle un petit nombre de personnes, c'est-à-dire huit, furent sauvées à travers l'eau (1 Pi 3.20).

> Le Seigneur ne tarde pas dans l'accomplissement de la promesse, comme quelques-uns le croient; mais il use de patience envers vous, ne voulant pas qu'aucun périsse, mais voulant que tous arrivent à la repentance […] Croyez que la patience de notre Seigneur est votre salut, comme notre bien-aimé frère Paul vous l'a aussi écrit, selon la sagesse qui lui a été donnée (2 Pi 3.9,15).

La grâce de Dieu est également manifestée à travers *sa bénédiction et sa protection de tous les hommes*. Il déverse ses bénédictions sur tous. C'est ce qu'on appelle la grâce commune de Dieu.

Matthieu nous dit : « Il fait lever son soleil sur les méchants et sur les bons, et il fait pleuvoir sur les justes et sur les injustes » (Mt 5.45).

La grâce de Dieu se manifeste aussi à travers *la distribution des dons et des talents aux hommes, en leur accordant des bénédictions au lieu d'un jugement immédiat*. L'auteur de l'épître aux Hébreux écrit : « Lorsqu'une terre abreuvée par la pluie qui tombe souvent sur elle, produit une herbe utile à ceux pour qui elle est cultivée, elle participe à la bénédiction de Dieu » (Hé 6.7). Le psalmiste nous dit comment Dieu pourvoit aux besoins physiques de tous : « Les yeux de tous espèrent en toi, et tu leur donnes la nourriture en son temps. Tu ouvres ta main, et tu rassasies à souhait tout ce qui a vie » (Ps 145.15,16). Notre Dieu est gracieux.

De plus, la grâce de Dieu est manifestée *à travers l'offre du salut aux hommes*. L'apôtre Jean déclare :

> Et comme Moïse éleva le serpent dans le désert, il faut de même que le Fils de l'homme soit élevé, afin que quiconque croit en lui ait la vie éternelle. Car Dieu a tant aimé le monde qu'il a donné son Fils unique, afin que quiconque croit en lui ne périsse point, mais qu'il ait la vie éternelle. Dieu, en effet, n'a pas envoyé son Fils dans le monde pour qu'il juge le monde, mais pour que le monde soit sauvé par lui (Jn 3.14-17).

Ce salut est offert gratuitement et gracieusement à tous, et il peut être reçu seulement par la grâce. Jean, dans le dernier chapitre du livre de l'Apocalypse, écrit : « Et l'Esprit et l'épouse disent : Viens. Et que celui qui entend dise : Viens. Et que celui qui a soif vienne ; que celui qui veut prenne de l'eau de la vie, gratuitement ! » (Ap 22.17.)

La grâce de Dieu se manifeste également *à travers l'œuvre de conviction du Saint-Esprit*. Chaque personne sauvée devrait présenter des actions de grâce à Dieu pour l'œuvre de conviction du Saint-Esprit, sans laquelle personne ne serait sauvé, puisque la conviction doit obligatoirement précéder la repentance et la foi. Le Saint-Esprit est venu dans le monde pour accomplir cette œuvre de conviction en nous. Il est écrit : « Et quand il sera venu, il convaincra le monde en ce qui concerne le péché, la justice, et le jugement : en ce qui concerne le péché, parce qu'ils ne croient pas en moi ; la justice, parce que je vais au Père, et que vous ne me verrez plus ; le jugement, parce que le prince de ce monde est jugé » (Jn 16.8-11).

Enfin, la grâce de Dieu est manifestée *à travers l'œuvre salvatrice et rédemptrice de Christ*. Paul l'a bien expliqué quand il dit :

> Mais Dieu, qui est riche en miséricorde, à cause du grand amour dont il nous a aimés, nous qui étions morts par nos offenses, nous a rendus vivants avec Christ (c'est par grâce que vous êtes sauvés) ; il nous a ressuscités ensemble, et nous a fait asseoir ensemble dans les lieux célestes, en Jésus-Christ, afin de montrer dans les siècles à venir l'infinie richesse de sa grâce par sa bonté envers nous en Jésus-Christ. Car c'est par la grâce que vous êtes sauvés, par le moyen de la foi. Et cela ne vient pas de vous, c'est le don de Dieu. Ce n'est point par les œuvres, afin que personne ne se glorifie (Ép 2.4-9).

Dieu est gracieux dans toutes ses œuvres. Dans son commentaire sur les épîtres de Paul, John MacArthur écrit :

> La grâce de Dieu est sa faveur imméritée envers les pécheurs méchants et indignes, par laquelle il les délivre de la condamnation et de la mort. Mais la grâce de Dieu est plus qu'un attribut divin ; c'est une personne divine, Jésus-Christ. Jésus-Christ était non seulement Dieu incarné, mais la grâce incarnée. Il personnifie et exprime lui-même la grâce de Dieu, le don divin, souverain, éternel et immérité de celui qui est source de salut pour tous les hommes (MacArthur, 2004, p. 1490).

Dieu nous accorde l'offre complète du salut par la grâce. Cette offre contient tous les éléments de la grâce salvatrice comme l'élection, la rédemption, la justification, le pardon, l'adoption, la sanctification, la persévérance, la glorification, etc. Réfléchissant peut-être sur la merveille de la grâce abondante de Dieu, l'apôtre Paul s'exprime ainsi :

> Béni soit le Dieu et Père de notre Seigneur Jésus-Christ, qui nous a bénis de toute bénédiction spirituelle dans les lieux célestes en Christ ! En lui Dieu nous a élus avant la fondation du monde, pour que nous soyons saints et irréprochables devant lui ; il nous a prédestinés dans son amour à être ses enfants d'adoption par Jésus-Christ, selon le bon plaisir de sa volonté, pour célébrer la gloire de sa grâce dont il nous a favorisés dans le bien-aimé. En lui nous avons la rédemption par son sang, le pardon des péchés, selon la richesse de sa grâce, que Dieu a répandue abondamment sur nous par toute espèce de sagesse et d'intelligence ; il nous a fait connaître le mystère de sa volonté, selon le bienveillant dessein qu'il avait formé en lui-même, pour le mettre à exécution lorsque les temps seraient accomplis, de réunir toutes choses en Christ, celles qui sont dans les cieux et celles qui sont sur la terre. En lui nous sommes aussi devenus héritiers, ayant été prédestinés suivant le plan de celui qui opère toutes choses d'après le conseil de sa volonté, afin que nous servions à célébrer sa gloire, nous qui d'avance avons espéré en Christ. En lui vous aussi, après avoir entendu la parole de la vérité, l'Évangile de votre salut, en lui vous avez cru et vous avez été scellés du Saint-Esprit qui avait été promis, lequel est un gage de notre héritage, pour la rédemption de ceux que Dieu s'est acquis, pour célébrer sa gloire (Ép 1.3-14).

C. La grâce de Dieu et le salut des hommes

Dans la relation de la grâce de Dieu au salut des hommes, la Bible nous enseigne, d'abord, que *le salut est offert par la grâce et peut être obtenu uniquement par la grâce.* Notez certains textes bibliques qui enseignent clairement cette vérité :

> Car tous ont péché et sont privés de la gloire de Dieu ; et ils sont gratuitement justifiés par sa grâce, par le moyen de la rédemption qui est en Jésus-Christ. C'est lui que Dieu a destiné à être, par son sang pour ceux qui croiraient, victime propitiatoire, afin de montrer sa justice, parce qu'il avait laissé impunis les péchés commis auparavant, au temps de sa patience ; il montre ainsi sa justice dans le temps présent, de manière à être juste tout en justifiant celui qui a la foi en Jésus. Où donc est le sujet de se glorifier ? Il est exclu. Par quelle loi ? Par la loi des œuvres ? Non, mais par la loi de la foi. Car nous pensons que l'homme est justifié par la foi, sans les œuvres de la loi (Ro 3.23-28).

> Car le salaire du péché, c'est la mort ; mais le don gratuit de Dieu, c'est la vie éternelle en Jésus-Christ notre Seigneur (Ro 6.23).

> Néanmoins, sachant que ce n'est pas par les œuvres de la loi que l'homme est justifié, mais par la foi en Jésus-Christ, nous aussi nous avons cru en Jésus-Christ, afin d'être justifiés par la foi en Christ et non par les œuvres de la loi, parce que personne ne sera justifié par les œuvres de la loi (Ga 2.16).

> Mais, lorsque la bonté de Dieu notre Sauveur et son amour pour les hommes ont été manifestés, il nous a sauvés, non à cause des œuvres de justice que nous aurions faites, mais selon sa miséricorde, par le bain de la régénération et le renouvellement du Saint-Esprit. Il l'a répandu sur nous avec abondance par Jésus-Christ notre Sauveur, afin que, justifiés par sa grâce, nous devenions héritiers dans l'espérance de la vie éternelle (Tit 3.4-7).

La Bible nous enseigne également *que tous les hommes sont pécheurs et que Dieu est saint.* C'est avant tout le péché qui exige la grâce de Dieu pour notre salut. Dans Romains 3.10-12 et 23, nous lisons que tous les hommes, sans exception, sont pécheurs et séparés d'avec Dieu à cause de leurs péchés : « Selon qu'il est écrit : Il n'y a point de juste, pas même un seul ; nul n'est intelligent, nul ne cherche Dieu ; tous sont égarés, tous sont pervertis ; il n'en est aucun qui fasse le bien, pas même un seul […] Car tous ont péché et sont privés de la gloire de Dieu. » En outre, Romains 3.13-18 décrit les résultats de leur condition. Qui peut combattre le péché sans la grâce de Dieu ? Dans ce sens, l'auteur de l'ouvrage *Connaître Dieu* écrit :

> La grâce de Dieu, c'est l'amour divin librement manifesté envers les pécheurs coupables indépendamment de leurs mérites et même au mépris de leur démérite. C'est Dieu qui témoigne de la bonté à des êtres qui ne méritent que de la sévérité et qui n'ont aucune raison d'espérer autre chose (Packer, *op. cit.*, p. 150).

Il y a une autre chose qui prouve que le salut n'est parvenu aux hommes que par la grâce de Dieu. La Bible dit que les hommes sont non seulement pécheurs, mais aussi *aveuglés par le diable*. Dans 2 Corinthiens 4.3,4, il est écrit : « Si notre Évangile est encore voilé, il est voilé pour ceux qui périssent, pour les incrédules dont le dieu de ce siècle a aveuglé l'intelligence, afin qu'ils ne voient pas briller la splendeur de l'Évangile de la gloire de Christ, qui est l'image de Dieu. » Parce qu'ils sont aveuglés par Satan, ils vivent dans les ténèbres, et seul Dieu peut faire quelque chose pour eux. Écoutez ce que dit Paul à leur sujet :

> Voici donc ce que je dis et ce que je déclare dans le Seigneur : Vous ne devez plus marcher comme les païens, qui marchent selon la vanité de leurs pensées. Ils ont l'intelligence obscurcie, ils sont étrangers à la vie de Dieu, à cause de l'ignorance qui est en eux, à cause de l'endurcissement de leur cœur. Ayant perdu tout sentiment, ils se sont livrés au dérèglement, pour commettre toute espèce d'impureté jointe à la cupidité (Ép 4.17-19).

La Bible déclare aussi qu'*avant leur salut, les hommes sont spirituellement morts.* Dans Éphésiens 2.1-5, nous lisons :

> Vous étiez morts par vos offenses et par vos péchés, dans lesquels vous marchiez autrefois, selon le train de ce monde, selon le prince de la puissance de l'air, de l'esprit qui agit maintenant dans les fils de la rébellion. Nous tous aussi, nous étions de leur nombre, et nous vivions autrefois selon les convoitises de notre chair, accomplissant les volontés de la chair et de nos pensées, et nous étions par nature des enfants de colère, comme les autres…

Sans la grâce de Dieu, tous les hommes périraient dans l'enfer éternel.

La Bible décrit l'homme non régénéré comme une personne spirituellement morte. Comment un mort peut-il choisir d'être sauvé ? Personne ne peut être sauvé par les œuvres, par la loi, par l'observance des dix commandements, par la pratique de la charité, par la persévérance aux services de l'Église. Les œuvres faites par les inconvertis sont des œuvres mortes. Seul Dieu, dans sa grâce, peut nous sauver. Tous ceux qui essaient de se sauver par leurs propres œuvres seront condamnés à l'enfer. Car Dieu est parfait, et il exige des œuvres parfaites, des personnes parfaites. Qui est qualifié ? Personne. Cependant, à travers Christ, le parfait Sauveur, nous pouvons être parfaits. Paul nous dit : « Celui qui n'a point connu le péché, il l'a fait devenir péché pour nous, afin que nous devenions en lui justice de Dieu » (2 Co 5.21). Nous sommes sauvés uniquement par la grâce. Charles R. Swindoll, dans sa Bible d'étude, écrit :

> Le salut est tout simplement un cadeau. Il est simple, mais il n'a pas été facile. Il est gratuit, mais il n'est pas bon marché. Il est pour vous, mais il n'est pas automatiquement accessible. Vous devez le recevoir. Quand vous le recevez, il est vôtre pour toujours (voir Ro 5.15-17) (Swindoll, 1996, p. 1200, trad. libre).

On raconte l'histoire d'une pauvre veuve qui cherchait des fruits frais pour sa fille. Elle n'avait pas assez d'argent pour en acheter. Or, passant près du palais royal, elle vit la princesse cueillir des raisins. Cette dernière lui en offrit un panier plein, mais la veuve lui proposa plutôt de lui donner quelques pièces pour payer les raisins. La princesse lui dit : « Les raisins ne sont pas à vendre, car mon père est trop riche pour les vendre et vous êtes trop pauvre pour les acheter. Vous pouvez les accepter gratuitement ou alors pas du tout. » Il en est de même pour le salut.

D. Leçons apprises de la grâce de Dieu

Plusieurs leçons découlent de la grâce de Dieu. Nous en noterons sept. Premièrement, *puisque le salut est obtenu uniquement par la grâce, nous pouvons avoir la pleine assurance de notre salut*. Cela veut dire que les chrétiens peuvent savoir avec certitude qu'ils sont sauvés. Si le salut dépendait de quoi que ce soit de notre part, nous ne pourrions jamais savoir avec certitude que nous sommes sauvés. Toutefois, puisque notre salut dépend de l'œuvre de Christ, nous n'avons pas besoin d'en douter.

Deuxièmement, *puisque le salut est par la grâce, nous pouvons être sûrs de notre sécurité éternelle*. Si la sécurité de notre salut dépendait de notre capacité à nous accrocher à Dieu, nous pourrions être sauvés aujourd'hui et perdus demain. Or, puisque c'est Dieu qui nous garde dans cet état, nous sommes éternellement en sécurité. À ce propos, J. Packer, dans son ouvrage *Connaître Dieu*, écrit :

> Si le plan de salut divin est assuré de se voir réalisé, l'avenir des chrétiens est lui aussi assuré. Ils sont et seront, par la puissance de Dieu, « gardé par la foi pour le salut » (1 P 1.5). Ils n'ont pas à se tourmenter dans la crainte de perdre la foi. La même grâce, qui les a au commencement menés à la foi, les gardera fidèles dans la foi

jusqu'à la fin. La foi, tant au départ que dans la suite, est un don de la grâce (cf. Ph 1.29) (Packer, *op. cit.*, p. 154).

Troisièmement, *quand nous sommes sous la grâce, notre service devient un privilège joyeux et non un devoir légal.* Sous la grâce, nous sommes motivés par l'amour et non par la peur. Lorsque nous nous rappelons la mort sacrificielle de Christ pour nous, nous offrons à Dieu un service consacré, dévoué et fidèle.

Quatrièmement, *une véritable appréciation de la grâce de Dieu donne aux chrétiens la motivation la plus puissante qui soit pour mener une vie chrétienne sainte et pieuse.* C'est pourquoi Paul nous dit : « Je vous exhorte donc, frères, par les compassions de Dieu, à offrir vos corps comme un sacrifice vivant, saint, agréable à Dieu, ce qui sera de votre part un culte raisonnable » (Ro 12.1). Certains disent que si nous enseignons le salut par la grâce seule, nous encourageons les gens à pécher. À de tels individus, l'apôtre Paul a répondu énergiquement en ces termes : « Quoi donc ! Pécherions-nous, parce que nous sommes, non sous la loi, mais sous la grâce ? Loin de là ! » (Ro 6.15.) Car ceux qui apprécient la grâce de Dieu font de leur mieux pour éviter de pécher ; ils ne sont plus esclaves du péché (Ro 6.11-14). C'est aussi la compréhension de l'auteur Warren Wiersbe, dans son commentaire sur le livre de Tite, où il écrit : « La grâce nous change parce que Dieu nous purifie et fait de nous sa propriété personnelle » (Wiersbe, 2006, p. 127).

Cinquièmement, *ceux qui acceptent sincèrement la grâce de Dieu sont devenus de vrais adorateurs pour toujours.* Ils se posent généralement les questions suivantes : Pourquoi Dieu m'a-t-il choisi ? Pourquoi m'a-t-il sauvé ? Pourquoi m'a-t-il délivré de l'enfer éternel ? Pourquoi m'a-t-il béni ? Ils sont devenus des adorateurs reconnaissants.

Sixièmement, *ceux qui expérimentent vraiment la grâce de Dieu agiront selon la grâce reçue.* Ils mèneront une vie pieuse, comme

Paul l'a dit : « Car la grâce de Dieu, source de salut pour tous les hommes, a été manifestée. Elle nous enseigne à renoncer à l'impiété et aux convoitises mondaines, et à vivre dans le siècle présent selon la sagesse, la justice et la piété » (Tit 2.11,12). Ceux qui ont expérimenté la grâce de Dieu parlent aux autres avec grâce et douceur, comme on nous y exhorte dans Colossiens 4.6 : « Que votre parole soit toujours accompagnée de grâce, assaisonnée de sel, afin que vous sachiez comment il faut répondre à chacun. »

Enfin, septièmement, *les bénéficiaires reconnaissants de la grâce de Dieu disent aux autres où ils peuvent trouver la grâce.* En d'autres mots, ceux qui ont expérimenté le salut par la grâce sont devenus des gagneurs d'âmes fidèles et engagés. Ils disent aux autres, comme André : « Nous avons trouvé le Messie (ce qui signifie Christ) » (Jn 1.41), comme Philippe : « Nous avons trouvé celui de qui Moïse a écrit dans la loi et dont les prophètes ont parlé, Jésus de Nazareth, fils de Joseph » (Jn 1.45), comme la femme samaritaine : « Venez voir un homme qui m'a dit tout ce que j'ai fait ; ne serait-ce point le Christ ? » (Jn 4.29.) Ils s'engagent à présenter à tous l'Évangile de la grâce. En effet, c'est vraiment triste de constater que des gens continuent à mourir sans Christ quand la grâce de Dieu est disponible.

L'auteur américain Warren Wiersbe, dans son ouvrage *Meet Yourself in the Psalms*, raconte cette histoire :

> Dans un village, un cheval, tirant une calèche dans laquelle se trouvait un petit garçon, s'était emporté et galopait à vive allure. Voyant l'enfant en danger, un homme risqua sa vie en arrêtant la calèche et parvint ainsi à sauver le garçon. Or, ce garçon grandit et devint un homme sans foi ni loi. Un jour, il fut condamné pour un crime grave qu'il avait commis. Ayant reconnu que le juge était l'homme qui l'avait sauvé quelques années auparavant, il lui demanda grâce. Toutefois, le juge refusa en disant : « Autrefois, quand tu te trouvais en danger, j'ai été ton sauveur, mais maintenant, je suis ton juge. »

L'auteur ajoute :

Un jour, Jésus-Christ dira aux pécheurs rebelles : « Tout au long de la période de la grâce, j'étais le Sauveur et j'aurais voulu vous pardonner. Mais aujourd'hui, je suis votre juge. Retirez-vous de moi, maudits, allez dans le feu éternel » (Wiersbe, 1986, p. 108, trad. libre).

10

LE DIEU FIDÈLE

> *Et j'ai dit : Ma force est perdue, je n'ai plus d'espérance en l'Éternel ! Quand je pense à ma détresse et à ma misère, à l'absinthe et au poison ; quand mon âme s'en souvient, elle est abattue au dedans de moi. Voici ce que je veux repasser en mon cœur, ce qui me donnera de l'espérance : Les bontés de l'Éternel ne sont pas épuisées, ses compassions ne sont pas à leur terme ; elles se renouvellent chaque matin. Oh !* **que ta fidélité est grande** *! L'Éternel est mon partage, dit mon âme ; c'est pourquoi je veux espérer en lui. L'Éternel a de la bonté pour qui espère en lui, pour l'âme qui le cherche. Il est bon d'attendre en silence le secours de l'Éternel.*
>
> – Lamentations 3.18-26

L'attribut de la fidélité de Dieu est étroitement lié à deux autres attributs : l'immuabilité de Dieu et la vérité de Dieu. Quand nous affirmons que l'Éternel est fidèle, cela signifie qu'il est absolument digne de confiance dans toutes ses voies et qu'il est absolument fidèle à sa Parole. Aucune des promesses de Dieu ne demeure inaccomplie. Il ne peut ni mentir ni tromper. C'est pourquoi la Parole de Dieu, la Bible, est le livre le plus sûr de l'univers. Lorsque Dieu dit quelque chose, nous pouvons le croire sans aucun risque. En fait, c'est une folie de ne pas croire la Bible. La vérité, c'est ce que dit Dieu au sujet de tout. Quand nous lisons la Bible, nous y découvrons beaucoup d'instructions au sujet de la fidélité de Dieu.

> Sache donc que c'est l'Éternel, ton Dieu, qui est Dieu. Ce Dieu fidèle garde son alliance et sa miséricorde jusqu'à la millième génération envers ceux qui l'aiment et qui observent ses commandements (De 7.9).

> De génération en génération ta fidélité subsiste ; tu as fondé la terre, et elle demeure ferme (Ps 119.90).

> Dieu est fidèle, lui qui vous a appelés à la communion de son Fils, Jésus-Christ notre Seigneur (1 Co 1.9).

> Celui qui vous a appelés est fidèle, et c'est lui qui le fera (1 Th 5.24).

Dans ce chapitre, nous traiterons en quatre sections le sujet de la fidélité de Dieu : description de la fidélité de Dieu, manifestations de la fidélité de Dieu, démonstrations de la fidélité de Dieu et déductions ou leçons apprises de la fidélité de Dieu.

A. Description de la fidélité de Dieu

À travers une simple lecture des textes de l'Ancien Testament et du Nouveau Testament, nous pouvons noter plusieurs caractéristiques de la fidélité de Dieu. Premièrement, *la fidélité de Dieu est grande*. C'est le prophète Jérémie qui parle de la grandeur de sa fidélité en ces mots : « Les bontés de l'Éternel ne sont pas épuisées, ses compassions ne sont pas à leur terme ; elles se renouvellent chaque matin. Oh ! que ta fidélité est grande ! » (La 3.22,23.) Deuxièmement, *la fidélité de Dieu est infaillible*. Le psalmiste écrit : « Mais je ne lui retirerai point ma bonté et je ne trahirai pas ma fidélité, je ne violerai point mon alliance et je ne changerai pas ce qui est sorti de mes lèvres » (Ps 89.34,35). L'apôtre Paul écrit au sujet de la fidélité de Dieu et dit : « Si nous sommes infidèles, il demeure fidèle, car il ne peut se renier lui-même » (2 Ti 2.13).

Troisièmement, *la fidélité de Dieu est incomparable*. Dans Psaumes 89.9, nous lisons : « Éternel, Dieu des armées ! qui est comme toi puissant, ô Éternel ? Ta fidélité t'environne. » Si les autres vous trompent, ce ne sera jamais de la part de Dieu. Quatrièmement, *la fidélité de Dieu est éternelle*. Dans le livre des Psaumes, nous trouvons plusieurs déclarations au sujet de la fidélité éternelle de Dieu. Dans Psaumes 36.6, il est écrit : « Éternel ! Ta bonté atteint jusqu'aux cieux, ta fidélité jusqu'aux nues. » Et Psaumes 146.5,6 déclare : « Heureux celui qui a pour secours le Dieu de Jacob, qui met son espoir en l'Éternel, son Dieu ! Il a fait les cieux et la terre, la mer et tout ce qui s'y trouve. Il garde la fidélité à toujours. »

Les croyants peuvent répondre de deux façons au fait que Dieu sera toujours fidèle. D'abord, chaque chrétien peut compter sur la fidélité de Dieu. L'apôtre Pierre écrit : « Ainsi, que ceux qui souffrent selon la volonté de Dieu remettent leur âme au fidèle Créateur, en faisant ce qui est bien » (1 Pi 4.19). Ensuite, chaque chrétien devrait régulièrement célébrer la fidélité de Dieu. Dans Psaumes 89.6, nous lisons : « Les cieux célèbrent tes merveilles, ô Éternel ! Et ta fidélité dans l'assemblée des saints. » Un autre psaume déclare : « Il est beau de louer l'Éternel, et de célébrer ton nom, ô Très-Haut ! D'annoncer le matin ta bonté, et ta fidélité pendant les nuits, sur l'instrument à dix cordes et sur le luth, aux sons de la harpe » (Ps 92.2-4). Célébrons et comptons sur la fidélité de Dieu.

B. Manifestations de la fidélité de Dieu

Dans la Bible, nous découvrons que Dieu manifeste sa fidélité de plusieurs manières. Il la manifeste premièrement par *le pardon des péchés*. L'apôtre Jean nous enseigne ce qui suit : « Si nous confessons nos péchés, il est fidèle et juste pour nous les pardonner, et pour nous purifier de toute iniquité » (1 Jn 1.9). Le fait de pécher nous amène à expérimenter les moments les plus terribles de la vie chrétienne. Le Psaume 38 nous donne une idée des conséquences du péché non confessé et non pardonné. Heureusement, Dieu est fidèle pour nous pardonner quand nous lui confessons nos péchés. Il est fidèle à ses promesses infaillibles et agit toujours en conformité avec sa justice parfaite.

Deuxièmement, Dieu manifeste sa fidélité à *travers l'humiliation ou l'affliction des chrétiens*. Certains peuvent considérer l'affliction ou l'humiliation comme une chose négative ou une malédiction. Comment pouvons-nous la considérer comme un acte de fidélité de la part de Dieu ? Dans Psaumes 119.75, nous lisons : « Je sais, ô Éternel ! que tes jugements sont justes ; c'est par fidélité que tu m'as humilié. » Le psalmiste voit dans les épreuves et les tribulations le soin providentiel et fidèle du Dieu souverain qui contrôle toutes les circonstances de la vie. Même quand Dieu nous châtie, nous pouvons être sûrs de sa fidélité.

Troisièmement, nous voyons aussi la fidélité de Dieu par *le respect de ses alliances avec les hommes*. Il honore toujours sa Parole. Il accomplit toujours tout ce qu'il promet. Dans Deutéronome 7.9, il est écrit : « Sache donc que c'est l'Éternel, ton Dieu, qui est Dieu. Ce Dieu fidèle garde son alliance et sa miséricorde jusqu'à la millième génération envers ceux qui l'aiment et qui observent ses commandements. » Le psalmiste nous dit que Dieu « se souvient toujours de son alliance » (Ps 111.5*b*). Josué, à la fin de sa vie, a déclaré à juste titre : « Voici, je m'en vais maintenant par le chemin de toute la terre. Reconnaissez de tout votre cœur et de toute votre âme qu'aucune de toutes les bonnes paroles prononcées sur vous par l'Éternel, votre Dieu, n'est restée sans effet ; toutes se sont accomplies pour vous, aucune n'est restée sans effet » (Jos 23.14).

Les saints de l'Ancien Testament et du Nouveau Testament peuvent témoigner de la grande fidélité de Dieu. Dans l'ouvrage intitulé *Connaître Dieu*, nous lisons :

> La Bible emploie pour affirmer la fidélité de Dieu un vocabulaire à caractère superlatif. « Ta fidélité *[atteint]* jusqu'aux nues » (Ps 36.6) ; « Oh ! que ta fidélité est grande ! » (La 3.23). Comment la fidélité de Dieu se manifeste-t-elle ? Par l'infaillible accomplissement de ses promesses. Dieu est un Dieu qui respecte son alliance ; il ne déçoit jamais ceux qui ont fait confiance à sa parole (Packer, *op. cit.*, p. 129).

Quatrièmement, Dieu manifeste sa fidélité à travers *sa grande compassion envers ses enfants*. Il n'est pas un Dieu lointain. Il est toujours près de ses enfants et fait preuve de compassion en toute circonstance. L'auteur de l'épître aux Hébreux écrit : « En conséquence, il a dû être rendu semblable en toutes choses à ses frères, afin qu'il soit un souverain sacrificateur miséricordieux et fidèle dans le service de Dieu, pour faire l'expiation des péchés du peuple ; car, du fait qu'il a souffert lui-même et qu'il a été tenté, il peut secourir ceux qui sont tentés » (Hé 2.17,18). C'est pourquoi les croyants peuvent s'approcher de lui avec grande assurance quand ils sont aux prises avec des difficultés.

Dans cette même épître aux Hébreux, il est écrit :

> Ainsi, puisque nous avons un grand souverain sacrificateur qui a traversé les cieux, Jésus, le Fils de Dieu, demeurons fermes dans la foi que nous professons. Car nous n'avons pas un souverain sacrificateur qui ne puisse compatir à nos faiblesses ; au contraire, il a été tenté comme nous en toutes choses, sans commettre de péché. Approchons-nous donc avec assurance du trône de la grâce afin d'obtenir miséricorde et de trouver grâce, pour être secourus dans nos besoins (4.14-16).

Quand nous avons des fardeaux et des problèmes, quand nous sommes persécutés, Christ manifeste sa compassion à notre égard. Nous ne portons pas nos fardeaux seuls. Quelqu'un de plus expérimenté et de plus fort que nous nous accompagne dans le voyage.

Cinquièmement, nous pouvons voir la fidélité de Dieu *à travers la délivrance des saints au milieu des tentations et des épreuves*. Quelle consolation de savoir que notre Dieu nous accompagne dans nos épreuves, nos tentations et nos tribulations ! Nous pouvons affirmer avec assurance : « Aucune tentation ne vous est survenue qui n'ait été humaine, et Dieu, qui est fidèle, ne permettra pas que vous soyez tentés au-delà de vos forces ; mais avec la tentation il préparera aussi le moyen d'en sortir, afin que vous puissiez la supporter » (1 Co 10.13). Convaincu de la fidélité de Dieu quand il s'agit de délivrer ses enfants de la tentation, John MacArthur, dans ses *Commentaires sur le Nouveau Testament – Les Épîtres de Paul*, écrit ce qui suit :

> Mais le chrétien a l'aide de son Père céleste pour résister à la tentation. *Dieu… est fidèle*. Il demeure ce qu'il a toujours été : « Six fois il te délivrera de l'angoisse, et sept fois le mal ne t'atteindra pas » (Job 5.19). Lorsque notre fidélité est mise à l'épreuve, la fidélité de Dieu lui-même est notre secours. Nous sommes absolument certains qu'*il ne permettra pas que [nous soyons] tentés au-delà de [nos] forces*. C'est là la réponse de Dieu lorsque nous lui demandons : « ne nous induis en tentation, mais délivre-nous du malin » (Matthieu 6.13). Dieu ne permettra pas que nous subissions des épreuves auxquelles nous ne pouvons pas résister (MacArthur, 2004, *op. cit.*, p. 446 ; italiques pour souligner).

Connaissant la fidélité de Dieu, l'apôtre Paul, prisonnier à Rome, à la fin de sa vie, n'avait pas peur d'affronter ses ennemis. Car il savait que son Dieu était avec lui pour le fortifier au milieu de ses épreuves et de ses tribulations. Ainsi, il écrit :

Dans ma première défense, personne ne m'a assisté, mais tous m'ont abandonné. Que cela ne leur soit point imputé ! C'est le Seigneur qui m'a assisté et qui m'a fortifié, afin que la prédication soit accomplie par moi et que tous les païens l'entendent. Et j'ai été délivré de la gueule du lion. Le Seigneur me délivrera de toute œuvre mauvaise, et il me sauvera pour me faire entrer dans son royaume céleste. À lui soit la gloire aux siècles des siècles ! Amen ! (2 Ti 4.16-18.)

Connaissant la fidélité de Dieu auprès de ses enfants, l'apôtre Paul a écrit ces mots aux saints de Thessalonique : « Que le Dieu de paix vous sanctifie lui-même tout entiers, et que tout votre être, l'esprit, l'âme et le corps, soit conservé irréprochable, lors de l'avènement de notre Seigneur Jésus-Christ ! Celui qui vous a appelés est fidèle, et c'est lui qui le fera » (1 Th 5.23,24).

Sixièmement, Dieu manifeste également sa grande fidélité dans *l'exécution du jugement*. Beaucoup aiment parler de la fidélité de Dieu dans sa protection, ses soins, sa provision, sa présence, etc. Or, ils n'aiment pas parler de sa fidélité dans l'exécution de ses jugements. Josué l'a bien compris quand il dit :

Et comme toutes les bonnes paroles que l'Éternel, votre Dieu, vous avait dites se sont accomplies pour vous, de même l'Éternel accomplira sur vous toutes les paroles mauvaises, jusqu'à ce qu'il vous ait détruits de dessus ce bon pays que l'Éternel, votre Dieu, vous a donné. Si vous transgressez l'alliance que l'Éternel, votre Dieu, vous a prescrite, et si vous allez servir d'autres dieux et vous prosterner devant eux, la colère de l'Éternel s'enflammera contre vous, et vous périrez promptement dans le bon pays qu'il vous a donné (Jos 23.15,16).

En parlant du jugement de Dieu sur Babylone, le prophète Jérémie déclare : « La terre s'ébranle, elle tremble ; car le dessein de l'Éternel contre Babylone s'accomplit ; il va faire du pays de Babylone un désert sans habitants » (Jé 51.29). Quand Dieu annonce un jugement, il l'accomplit, car il est fidèle. Tous les jugements à venir prédits dans la Bible seront fidèlement exécutés.

C. Démonstration de la fidélité de Dieu

Dieu a prouvé et démontré sa fidélité à plusieurs individus. Notons seulement quelques-uns d'entre eux. D'abord, il démontre sa fidélité à *Abraham et Sara*. Il leur promet un fils, et après environ vingt-cinq ans d'attente, il leur donne Isaac malgré leur vieillesse. La Bible rapporte ceci :

> L'Éternel se souvint de ce qu'il avait dit à Sara, et l'Éternel accomplit pour Sara ce qu'il avait promis. Sara devint enceinte, et elle enfanta un fils à Abraham dans sa vieillesse, au temps fixé dont Dieu lui avait parlé. Abraham donna le nom d'Isaac au fils qui lui était né, que Sara lui avait enfanté. Abraham circoncit son fils Isaac, âgé de huit jours, comme Dieu le lui avait ordonné. Abraham était âgé de cent ans, à la naissance d'Isaac, son fils. Et Sara dit : Dieu m'a fait un sujet de rire ; quiconque l'apprendra rira de moi. Elle ajouta : Qui aurait dit à Abraham : Sara allaitera des enfants ? Cependant je lui ai enfanté un fils dans sa vieillesse (Ge 21.1-7).

Notre Dieu est fidèle ! En enseignant sur la fidélité de Dieu, John MacArthur racontait l'histoire suivante :

> Un jour, un père laisse son garçon à un coin de rue en ville, en lui disant de l'y attendre jusqu'à son retour dans environ une demi-heure. Mais la voiture du père tombe en panne, et il ne peut trouver de téléphone. Cinq heures s'écoulent avant que le père ne puisse revenir chercher son fils, et il s'inquiète de le retrouver en état de panique. Mais quand le père arrive enfin, le garçon est en train de contempler la vitrine d'un magasin, en se balançant d'avant et d'arrière sur ses talons. En le voyant, le père court vers lui, le serre dans ses bras et l'embrasse, puis il s'excuse en disant : « N'étais-tu pas inquiet ? As-tu pensé que je ne reviendrais jamais ? » Alors le garçon

lève les yeux et répond : « Non, papa. Je savais que tu reviendrais, parce que tu l'as dit » (MacArthur, 2010, op. cit., p. 184).

L'Éternel démontre aussi sa grande fidélité à *Noé*. Il lui fait grâce et lui promet de l'épargner ainsi que sa famille lors du déluge qui allait détruire toutes les créatures de Dieu sur la terre. Dieu lui dit : « Et moi, je vais faire venir le déluge d'eaux sur la terre, pour détruire toute chair ayant souffle de vie sous le ciel ; tout ce qui est sur la terre périra. Mais j'établis mon alliance avec toi ; tu entreras dans l'arche, toi et tes fils, ta femme et les femmes de tes fils avec toi » (Ge 6.17,18). Les eaux sont demeurées longtemps sur la face de la terre, mais Dieu a gardé sa parole, et il « se souvint de Noé, de tous les animaux et de tout le bétail qui étaient avec lui dans l'arche ; et Dieu fit passer un vent sur la terre, et les eaux s'apaisèrent » (Ge 8.1).

L'Éternel a démontré sa fidélité au *peuple d'Israël*. Il a promis de délivrer ce peuple de l'esclavage en Égypte, et il l'a fait. Évoquant cette délivrance après la traversée de la mer Rouge, Moïse et les enfants d'Israël ont chanté : « Je chanterai à l'Éternel, car il a fait éclater sa gloire ; il a précipité dans la mer le cheval et son cavalier. L'Éternel est ma force et le sujet de mes louanges ; c'est lui qui m'a sauvé. Il est mon Dieu : je le célébrerai ; il est le Dieu de mon père : je l'exalterai. L'Éternel est un vaillant guerrier ; l'Éternel est son nom » (Ex 15.1-3). Il leur a aussi promis Canaan, et le leur a donné. Josué, après avoir conduit le peuple à Canaan et battu tous ses ennemis, a dit : « L'Éternel leur accorda du repos tout autour, comme il l'avait juré à leurs pères ; aucun de leurs ennemis ne put leur résister, et l'Éternel les livra tous entre leurs mains. De toutes les bonnes paroles que l'Éternel avait dites à la maison d'Israël, aucune ne resta sans effet : toutes s'accomplirent » (Jos 21.44,45).

Salomon est une autre personne à qui Dieu a démontré sa fidélité. Il avait promis à David qu'il lui donnerait un fils qui s'assiérait sur son trône après lui. En d'autres mots, il a promis à Salomon le royaume après David, son père. Dieu a accompli fidèlement ce qu'il avait promis. Lisons ce que dit le roi Salomon : « L'Éternel a accompli la parole qu'il avait prononcée. Je me suis élevé à la place de David, mon père, et je me suis assis sur le trône d'Israël, comme l'avait annoncé l'Éternel, et j'ai bâti la maison au nom de l'Éternel, le Dieu d'Israël » (1 R 8.20).

Dieu a démontré sa fidélité *au monde entier*. Après le péché d'Adam et Ève, Dieu a promis aux hommes la venue d'un Messie en ces termes : « Je mettrai inimitié entre toi et la femme, entre ta postérité et sa postérité : celle-ci t'écrasera la tête, et tu lui blesseras le talon » (Ge 3.15). Il a répété cette même promesse par le prophète Ésaïe qui a écrit : « Car un enfant nous est né, un fils nous est donné, et la domination reposera sur son épaule ; on l'appellera Admirable, Conseiller, Dieu puissant, Père éternel, Prince de la paix » (És 9.5). Le récit de Luc, le médecin bien-aimé, nous montre que cette grande promesse a été minutieusement accomplie : « Pendant qu'ils étaient là, le temps où Marie devait accoucher arriva, et elle enfanta son fils premier-né. Elle l'emmaillota, et le coucha dans une crèche, parce qu'il n'y avait pas de place pour eux dans l'hôtellerie » (Lu 2.6,7). Dieu a même envoyé un ange pour annoncer cette bonne nouvelle : « Mais l'ange leur dit : Ne craignez point ; car je vous annonce une bonne nouvelle, qui sera pour tout le peuple le sujet d'une grande joie : c'est qu'aujourd'hui, dans la ville de David, il vous est né un Sauveur, qui est le Christ, le Seigneur » (Lu 2.10,11).

Enfin, Dieu a démontré sa grande fidélité *à tous les vrais chrétiens, à vous et à moi*. Dieu promet le salut et la vie éternelle à tous ceux qui se repentent de leurs péchés et qui croient en son Fils. Jésus-Christ nous dit : « En vérité, en vérité, je vous le dis, celui qui écoute ma parole, et qui croit à celui qui m'a envoyé, a la vie éternelle et ne vient point en jugement, mais il est passé de la mort à la vie » (Jn 5.24). Et aujourd'hui, vous et moi qui croyons en Christ sommes sauvés et avons la vie éternelle. Abraham, Noé, le peuple d'Israël, David, Salomon, et tous les vrais chrétiens ont un chant en commun : *Grand en fidélité*.

> Grand en fidélité, ô Dieu, mon Père
> Chez toi nulle trace de changement
> Tes compassions ne sont pas à leur terme
> Tu restes fidèle éternellement.
>
> Grand en fidélité *(bis)*
> Jour après jour, tu me tiens par la foi
> Tu as pourvu chaque jour à mes besoins
> Grand en fidélité toi envers moi.
>
> L'été et l'hiver, les saisons fertiles
> Les astres brillants que tu as créés
> Se joignent avec la nature entière
> Pour témoigner de ta fidélité.
>
> Pardon du péché,
> Paix douce et profonde,
> Ta sainte présence pour me guider
> Paix aujourd'hui, pour demain espérance
> Me rassurent de ta fidélité.
> (*Chants d'espérance*, « Réveillons-nous », n° 24)

D. Leçons apprises de la fidélité de Dieu

La doctrine de la fidélité de Dieu nous enseigne plusieurs leçons salutaires. Mais nous n'en soulignerons que deux. D'abord, *notre salut, l'assurance de notre salut, la sécurité éternelle ou notre préservation dépendent entièrement de la fidélité de Dieu*. Nous avons une grande dette envers la fidélité de Dieu. Tout ce que nous sommes et serons dépend de la fidélité de Dieu. Paul l'a énoncé avec justesse dans Philippiens 1.6 : « Je suis persuadé que celui qui a commencé en vous cette bonne œuvre la rendra parfaite pour le jour de Jésus-Christ. » Dans Hébreux 10.23, nous lisons : « Retenons fermement la profession de notre espérance, car celui qui a fait la promesse est fidèle. »

Notre position dans la famille de Dieu et notre éternité bienheureuse dépendent entièrement de la fidélité de Dieu. À ce propos, le pasteur John MacArthur écrit :

> Le croyant véritable sera présent à la fin. Chemin faisant, il peut être découragé ou frustré, et parfois tomber dans le péché, mais il *[retiendra]* fermement la profession de *[son]* espérance, car celui qui a fait la promesse est fidèle. La foi et l'espérance du croyant véritable ne sont jamais vaines, parce qu'elles sont placées en un Dieu qui est fidèle à ses promesses : « Celui qui vous a appelés est fidèle et c'est lui qui le fera » (1 Thessaloniciens 5.24) (*Ibid.*).

L'autre leçon salutaire à souligner englobe plusieurs autres choses, puisque *nous devons imiter Dieu dans sa fidélité*. Nous devons chercher à être fidèles comme l'est notre Père céleste. Si nous appliquons fidèlement cette leçon à notre vie chrétienne, elle nous changera considérablement. Premièrement, si nous imitons Dieu, *nous serons fidèles à nos vœux envers Dieu*. Salomon dit : « Lorsque tu as fait un vœu à Dieu, ne tarde pas à l'accomplir, car il n'aime pas les insensés : accomplis le vœu que tu as fait. Mieux vaut pour toi ne point faire de vœu, que d'en faire un et de ne pas l'accomplir » (Ec 5.3,4).

Deuxièmement, si nous appliquons fidèlement cette leçon, *nous serons fidèles à nos vœux nuptiaux*. Il est écrit :

> Et vous dites : Pourquoi ?… Parce que l'Éternel a été témoin entre toi et la femme de ta jeunesse, à laquelle tu es infidèle, bien qu'elle soit ta compagne et la femme de ton alliance […] Prenez donc garde en votre esprit, et qu'aucun ne soit infidèle à la femme de sa jeunesse ! Car je hais la répudiation, dit l'Éternel, le Dieu d'Israël, et celui qui

couvre de violence son vêtement, dit l'Éternel des armées. Prenez donc garde en votre esprit, et ne soyez pas infidèles ! (Ma 2.14-16.)

Nous respecterons envers notre mari ou notre femme les mots suivants : « unis pour toujours » ou « pour le meilleur et pour le pire ». Troisièmement, *nous serons fidèles à nos promesses*. Nos paroles seront « oui, oui, non, non » (Mt 5.37).

Quatrièmement, si nous imitons notre Dieu fidèle, *nous serons fidèles à nos engagements* (Ps 15.4), et *nous serons fidèles à nos rendez-vous*. En d'autres mots, ceux qui imitent le Dieu fidèle seront honnêtes, sincères et dignes de confiance.

Les croyants devraient être des personnes dignes de confiance. Ils doivent éviter toute voie de mensonge et faire de leur mieux pour être fidèles partout où ils sont et dans tout ce qu'ils font. Ils seront fidèles dans leur service à Dieu et à l'Église. Cherchant à exhorter les croyants à être fidèles dans leurs engagements et rendez-vous, le pasteur Charles Swindoll écrit :

> En vous jugeant vous-même en ce qui a trait au fait de garder votre parole, encouragez-vous ou découragez-vous les autres ? Voici quelques situations familières pour vous aider à répondre à cette question : quand vous dites à quelqu'un qu'il peut compter sur vous pour l'aider – peut-il vraiment compter sur vous ? Quand vous dites que vous serez là à telle heure – arrivez-vous vraiment à cette heure ? Quand quelqu'un vous partage une requête de prière et que vous dites : « certainement, je prierai pour vous » – le faites-vous vraiment ? (Swindoll, 1996, p. 669, trad. libre.)

La doctrine de la fidélité de Dieu devrait être une motivation pour tous les vrais chrétiens. Un jour, Dieu dira à chacun de ses fidèles serviteurs : « C'est bien, bon et fidèle serviteur ; tu as été fidèle en peu de chose, je te confierai beaucoup ; entre dans la joie de ton maître » (Mt 25.21,23).

11

LE DIEU BON

Sentez et voyez combien l'Éternel est bon ! Heureux l'homme qui cherche en lui son refuge ! Craignez l'Éternel, vous ses saints ! Car rien ne manque à ceux qui le craignent. Les lionceaux éprouvent la disette et la faim, mais ceux qui cherchent l'Éternel ne sont privés d'aucun bien.

– Psaumes 34.9-11

Dieu est bon dans le sens où il est entièrement parfait. Tout ce que Dieu fait est bon, c'est-à-dire aimable et bénéfique. Notre vocabulaire comporte des expressions telles que « le bon Dieu », « notre bon Père céleste ». Parfois, nous répétons ces paroles à la légère sans vraiment croire ce que nous disons. Il nous arrive aussi d'affirmer intellectuellement que Dieu est bon, et de dire autre chose dans la pratique. Parfois, quand quelque chose va mal, que nous faisons face à la maladie, à un accident, à la mort d'un être cher, à la perte de biens matériels, à la perte d'un emploi ou à l'échec, nous remettons en question la bonté de Dieu.

Plusieurs individus ne sont pas sincères quand ils répètent les mots « bon Dieu ». Certains ont même parfois accusé Dieu de faire preuve d'indifférence, de négligence, d'insensibilité. Vous arrive-t-il de penser que Dieu vous abandonne parfois quand vous avez des problèmes ? Examinons ensemble la Parole de Dieu pour comprendre sa bonté, cet attribut extraordinaire de Dieu. Nous aborderons l'attribut de la bonté de Dieu en trois sections : l'exposition de la bonté de Dieu, les manifestations de la bonté de Dieu et les effets de la bonté de Dieu.

A. L'exposition biblique de la bonté de Dieu

On peut lire les mots « bon » et « bonté » à de nombreuses reprises dans les pages des Écritures. Lisons quelques passages :

1. « Oh ! Si je n'étais pas sûr de voir la bonté de l'Éternel sur la terre des vivants ! » (Ps 27.13.)
2. « Oh ! Combien est grande ta bonté, que tu tiens en réserve pour ceux qui te craignent » (Ps 31.20).
3. « Sentez et voyez combien l'Éternel est bon ! » (Ps 34.9.)
4. « La bonté de Dieu subsiste toujours » (Ps 52.3*b*).
5. « Car l'Éternel est bon » (Ps 100.5*a*).
6. « Louez l'Éternel, car il est bon, car sa miséricorde dure à toujours ! » (Ps 107.1.)
7. « L'Éternel est bon, il est un refuge au jour de la détresse ; il connaît ceux qui se confient en lui » (Na 1.7).
8. Notez le refrain du Psaume 107 dans les versets 8,15,21,31 : « Qu'ils louent l'Éternel pour sa bonté, et pour ses merveilles en faveur des fils de l'homme ! »

Plusieurs autres mots ou attributs sont associés à la bonté de Dieu. Cette dernière est toujours accompagnée d'amour, de patience, de grâce, de miséricorde, de générosité et de bienveillance. Dans ce même ordre d'idée, l'auteur Paul Enns écrit :

La bonté de Dieu est immense. Elle comprend un grand nombre d'aspects. L'un est sa bienveillance, qui décrit l'affection de Dieu envers son peuple. Sa bienveillance ne peut être démontrée envers la création inanimée, mais elle l'est spécialement envers les hommes; cependant, elle est plus grande que toute la bonté qu'une personne pourrait manifester envers une autre personne » (Enns, *op. cit.*, p. 200).

Dieu est bon. À cause de sa bonté, Dieu traite toutes ses créatures avec libéralité, tendresse et bienveillance. La bienveillance ou la bonté de Dieu ne se restreint pas aux croyants : « car il fait lever son soleil sur les méchants et sur les bons, et il fait pleuvoir sur les justes et sur les injustes » (Mt 5.45). Dans Psaumes 145.8,9,14-17, nous lisons :

> L'Éternel est miséricordieux et compatissant, lent à la colère et plein de bonté. L'Éternel est bon envers tous, et ses compassions s'étendent sur toutes ses œuvres [...]. L'Éternel soutient tous ceux qui tombent, et il redresse tous ceux qui sont courbés. Les yeux de tous espèrent en toi, et tu leur donnes la nourriture en son temps. Tu ouvres ta main, et tu rassasies à souhait tout ce qui a vie. L'Éternel est juste dans toutes ses voies, et miséricordieux dans toutes ses œuvres.

B. Les manifestations de la bonté de Dieu

Dieu manifeste sa bonté partout et envers tous. Toutefois, nous ne considérerons que trois cas. Premièrement, *Dieu manifeste sa bonté à travers la création*. Moïse nous dit : « Dieu vit tout ce qu'il avait fait et voici, c'était très bon. Ainsi, il y eut un soir, et il y eut un matin : ce fut le sixième jour » (Ge 1.31). L'évangéliste Luc, dans le livre des Actes des Apôtres, rapporte les mots de Paul et de Barnabas : « Ce Dieu, dans les âges passés, a laissé toutes les nations suivre leurs propres voies, quoiqu'il n'ait cessé de rendre témoignage de ce qu'il est, en faisant du bien, en vous dispensant du ciel les pluies et les saisons fertiles, en vous donnant la nourriture avec abondance et en remplissant vos cœurs de joie » (14.16,17). L'apôtre Paul a exprimé ces paroles au sujet de la bonté de Dieu dans la création : « Car tout ce que Dieu a créé est bon, et rien ne doit être rejeté, pourvu qu'on le prenne avec actions de grâces, parce que tout est sanctifié par la parole de Dieu et par la prière » (1 Ti 4.4,5).

Contemplons l'étendue du ciel suspendu au-dessus de la terre. Il ne tombe pas sur la terre. Regardons les océans. Dieu a donné le sable comme limite à la mer. Considérons les montagnes et leurs versants, les animaux, les oiseaux et leur formation. Notons la bonté démontrée dans la création : les montagnes, les lacs, les arbres, les fleurs, le soleil, la lune, les étoiles, les animaux, les poissons. Notons enfin l'homme, la créature la plus complexe de Dieu. La composition extraordinaire du corps humain a poussé David à écrire : « Je te loue de ce que je suis une créature si merveilleuse. Tes œuvres sont admirables, et mon âme le reconnaît bien » (Ps 139.14).

Dieu a vraiment démontré sa bonté à travers la création. Il a créé l'homme après la création de l'eau, de la nourriture. Quel acte de bonté de la part de Dieu ! Pensez à ce que serait l'existence de l'homme sans eau pour étancher sa soif. Pensez à ce que serait l'existence de l'homme sans la nourriture pour satisfaire sa faim. Pensez à ce que serait l'existence des animaux sans eau et sans nourriture. Toutes les créatures devraient dire à haute voix que Dieu est bon.

En réponse à la bonté de Dieu, le psalmiste nous exhorte ainsi :

> Louez l'Éternel, car il est bon, car sa miséricorde dure à toujours ! Qu'ainsi disent les rachetés de l'Éternel, ceux qu'il a délivrés de la main de l'ennemi, et qu'il a rassemblés de tous les pays, de l'orient et de l'occident, du nord et de la mer ! Ils erraient dans le désert, ils marchaient dans la solitude, sans trouver une ville où ils puissent habiter. Ils souffraient de la faim et de la soif ; leur âme était languissante. Dans leur détresse, ils crièrent à l'Éternel, et il les délivra

de leurs angoisses ; il les conduisit par le droit chemin, pour qu'ils arrivent dans une ville habitable. Qu'ils louent l'Éternel pour sa bonté, et pour ses merveilles en faveur des fils de l'homme ! Car il a satisfait l'âme altérée, il a comblé de biens l'âme affamée (Ps 107.1-9).

Deuxièmement, *Dieu manifeste sa bonté à travers sa providence.* C'est ainsi qu'il pourvoit pour ses créatures et les protège, particulièrement ses enfants. D'abord, *Dieu utilise sa providence pour pourvoir aux besoins de ses enfants.* Lisons ces paroles du Psaume 145 que nous avons déjà citées : « Les yeux de tous espèrent en toi, et tu leur donnes la nourriture en son temps » (Ps 145.15,16). À ce propos, l'auteur Darrow L. Miller, dans son ouvrage *Faites des nations mes disciples,* dit ceci :

> Les Écritures rendent témoignage de la bonté de Dieu de bien des manières. Dieu est, en lui-même, perfection absolue, et sa nature morale est la définition même de la bonté. Il ne s'agit pas là d'une bonté impersonnelle et théorique, car nous avons l'assurance que Dieu est amour (1 Jean 4.8). Dieu use *[de générosité et de bonté]* envers sa création ; il déborde d'amour et de miséricorde (Miller, 2008, p. 91-92).

On raconte l'histoire d'une famille qui priait pour la provision de Dieu. À la fin de leur prière, le père et les autres membres de la famille répétaient à haute voix : « Père, donne-nous aujourd'hui notre pain quotidien. » Un homme, qui ne croyait pas en Dieu, avait entendu ces paroles et voulait les tourner en dérision, comme si Dieu avait répondu à leur prière. Il a acheté plusieurs pains et les a lancés par la fenêtre de leur maison. Les membres de la famille se sont écriés : « Merci Seigneur d'avoir pourvu du pain en abondance pour nous ! » Cet homme incroyant, entendant leurs cris de joie et de gratitude, riait en lui-même et se disait : « Ils se trompent ! Ce n'est pas Dieu qui a pourvu à leurs besoins, mais c'est moi. » Or, cet homme ignorait que Dieu l'avait utilisé providentiellement pour nourrir ses enfants. Il est un Dieu providentiel.

Dieu utilise aussi sa providence pour protéger ses enfants. Jésus-Christ dit : « Et même vos cheveux sont tous comptés » (Mt 10.30). Dieu peut même utiliser des choses qui semblent mauvaises pour nous protéger et nous préserver. Écoutez ce que dit Joseph :

> Maintenant, ne vous affligez pas, et ne soyez pas fâchés de m'avoir vendu pour être conduit ici, car c'est pour vous sauver la vie que Dieu m'a envoyé devant vous. Voilà deux ans que la famine est dans le pays ; et pendant cinq années encore, il n'y aura ni labour, ni moisson. Dieu m'a envoyé devant vous pour vous faire subsister dans le pays, et pour vous faire vivre par une grande délivrance. Ce n'est donc pas vous qui m'avez envoyé ici, mais c'est Dieu ; il m'a établi père de Pharaon, maître de toute sa maison, et gouverneur de tout le pays d'Égypte (Ge 45.5-8).

Dieu utilise toujours des moyens extraordinaires pour protéger ses enfants. Enseignant au sujet de la protection de Dieu, le pasteur David Jeremiah écrit :

> Tous ceux qui ne croient pas en la bonté protectrice de Dieu pensent ainsi parce qu'ils ignorent ce qu'ils ignorent. Si nous pouvions constamment apercevoir ce qui se passe à l'arrière-scène chaque fois que Dieu nous protège du malheur, nous penserions autrement (Jeremiah, 2004, *op. cit.*, p. 54).

On raconte l'histoire suivante. Un jeune garçon, fils d'un chrétien zélé pour le Seigneur, qui avait chuté sur le plan spirituel, était en route pour assister à une soirée de plaisir mondain. Or, comme il devait traverser à pied des sentiers boueux, il a sali ses vêtements et ses souliers, ce qui l'a obligé à retourner chez lui. Il était en colère. Cependant, Dieu a utilisé sa providence pour protéger ce jeune homme de trois hommes méchants qui le cherchaient partout à la fête pour le tuer. Quand il a appris cela, il a donné gloire à Dieu pour sa grâce et sa bonté, et lui a consacré sa vie à nouveau.

Troisièmement, *Dieu manifeste sa bonté à travers la rédemption*. Dieu est saint et l'homme est pécheur. En raison du péché, l'homme est séparé de Dieu. Malgré tous ses efforts religieux, l'homme ne peut pas atteindre Dieu. Néanmoins, Dieu, dans sa grâce, a envoyé son Fils mourir sur la croix pour racheter les perdus. Si nous sommes rachetés aujourd'hui, c'est grâce à la bonté, la miséricorde et la grâce Dieu. C'est pourquoi Paul écrit ce texte que nous avons déjà cité :

> Vous étiez morts par vos offenses et par vos péchés, dans lesquels vous marchiez autrefois, selon le train de ce monde, selon le prince de la puissance de l'air, de l'esprit qui agit maintenant dans les fils de la rébellion. Nous tous aussi, nous étions de leur nombre, et nous vivions autrefois selon les convoitises de notre chair, accomplissant les volontés de la chair et de nos pensées, et nous étions par nature des enfants de colère, comme les autres... Mais Dieu, qui est riche en miséricorde, à cause du grand amour dont il nous a aimés, nous qui étions morts par nos offenses, nous a rendus vivants avec Christ (c'est par grâce que vous êtes sauvés) ; il nous a ressuscités ensemble, et nous a fait asseoir ensemble dans les lieux célestes, en Jésus-Christ, afin de montrer dans les siècles à venir l'infinie richesse de sa grâce par sa bonté envers nous en Jésus-Christ (Ép 2.1-7).

Dieu est bon, et il a démontré sa bonté à travers la création, sa providence et la rédemption. Cependant, malgré ces évidences de sa bonté, des hommes incroyants continuent à remettre en question la bonté de Dieu par des questions incrédules. Notez trois d'entre elles.

Leur première question est la suivante : *Si Dieu est vraiment bon, pourquoi a-t-il créé Satan ?* La réponse est que Dieu l'a créé comme un ange parfait (Éz 28.15) et libre, comme un agent moral avec la puissance d'obéir ou de désobéir. Satan a choisi de désobéir et de se rebeller contre Dieu. Le prophète Ésaïe a expliqué cet acte de rébellion dans Ésaïe 14.12-15. Dieu n'est pas responsable de la rébellion de ses créatures.

Voici leur deuxième question : *Si Dieu est vraiment bon, pourquoi a-t-il créé le mal, la maladie, la souffrance, la mort, etc. ?* Ces tragédies sont les conséquences du péché. Avant le péché, ces choses n'existaient pas. La Bible rapporte ce qui suit : « L'Éternel Dieu prit l'homme, et le plaça dans le jardin d'Éden pour le cultiver et pour le garder. L'Éternel Dieu donna cet ordre à l'homme : Tu pourras manger de tous les arbres du jardin ; mais tu ne mangeras pas de l'arbre de la connaissance du bien et du mal, car le jour où tu en mangeras, tu mourras certainement » (Ge 2.15-17). Si les hommes font face à la maladie, la douleur, des maux, la mort, c'est à cause de la désobéissance de nos premiers parents. Dieu n'est jamais la source du mal.

Notez la dernière question de ces hommes : *Si Dieu est vraiment bon, pourquoi punit-il le péché ?* Ce serait une contradiction pour un Dieu bon de ne pas punir le péché. Si Dieu est ami du bien, il doit punir le mal. Ne pas punir le mal équivaut à rejeter ce qui est bien. Parce que Dieu est bon, saint et juste, il doit forcément punir le mal. C'est pourquoi il jettera dans l'enfer éternel (l'étang de feu) le diable, tous les démons et tous ceux qui n'ont pas accepté sa grâce et sa bonté en rejetant son Fils Jésus-Christ. Jean écrit : « Et le diable, qui les séduisait, fut jeté dans l'étang de feu et de soufre, où sont la bête et le faux prophète. Ils seront tourmentés jour et nuit, aux siècles des siècles […] Quiconque ne fut pas trouvé écrit dans le livre de vie fut jeté dans l'étang de feu » (Ap 20.10,15).

C. Les effets de la bonté de Dieu

En réfléchissant à la bonté de Dieu et à ses évidences, nous voyons les effets de cet attribut sur les hommes. D'abord, *la bonté de Dieu devrait motiver les hommes à être reconnaissants envers Dieu*. En d'autres mots, ils devraient être toujours prêts à présenter des actions de grâce à Dieu pour sa bonté. Ils devraient le remercier pour ses actes de bonté. Dans le Psaume 100, nous lisons :

> Poussez vers l'Éternel des cris de joie, vous tous, habitants de la terre ! Servez l'Éternel, avec joie, venez avec allégresse en sa présence ! Sachez que l'Éternel est Dieu ! C'est lui qui nous a faits, et nous lui appartenons ; nous sommes son peuple, et le troupeau de son pâturage. Entrez dans ses portes avec des louanges, dans ses parvis avec des cantiques ! Célébrez-le, bénissez son nom ! Car l'Éternel est bon ; sa bonté dure toujours, et sa fidélité de génération en génération.

Tous les hommes, sans exception, devraient louer Dieu pour sa bonté. En effet, « toute grâce excellente et tout don parfait descendent d'en haut, du Père des lumières, chez lequel il n'y a ni changement ni ombre de variation » (Ja 1.17). Chaque repas, chaque nuit de sommeil, toute santé, toute sécurité, le moindre brin de soleil, la moindre goutte de pluie, toute possession sont des dons de Dieu. Soyons tous reconnaissants envers lui !

En outre, *la bonté de Dieu devrait motiver chacun de nous à lui consacrer nos corps et notre être entier*. Nous devrions remercier Dieu pour le corps qu'il nous a donné et le lui consacrer. Paul nous enseigne que cela devrait être un résultat immédiat de notre salut ou un acte de reconnaissance à Dieu pour notre salut. Il écrit :

> Je vous exhorte donc, frères, par les compassions de Dieu, à offrir vos corps comme un sacrifice vivant, saint, agréable à Dieu, ce qui sera de votre part un culte raisonnable. Ne vous conformez pas au siècle présent, mais soyez transformés par le renouvellement de

l'intelligence, afin que vous discerniez quelle est la volonté de Dieu, ce qui est bon, agréable et parfait (Ro 12.1,2).

Il énonce une affirmation semblable dans 1 Corinthiens 6.19,20 : « Ne savez-vous pas que votre corps est le temple du Saint-Esprit qui est en vous, que vous avez reçu de Dieu, et que vous ne vous appartenez point à vous-mêmes ? Car vous avez été rachetés à un grand prix. Glorifiez donc Dieu dans votre corps et dans votre esprit, qui appartiennent à Dieu. »

Notre tête, notre bouche, notre voix, nos mains et nos pieds ne devraient jamais être utilisés pour commettre des actes d'immoralité et de malhonnêteté. Chaque converti devrait chanter :

Mon corps, mon cœur, mon âme
Ne m'appartiennent plus ;
Ton amour les réclame ;
Ils sont à toi, Jésus.
(*Chants d'espérance*, n° 137, partie française)

Par ailleurs, *la bonté de Dieu devrait nous motiver à pratiquer la bonté envers les autres*. Nous devons également montrer de la bonté envers les saints. Le Nouveau Testament est rempli de passages où Dieu nous exhorte à agir avec bonté envers nos frères et sœurs. Nous devons pourvoir aux besoins des saints et exercer l'hospitalité (Ro 12.13). Nous devons être bons les uns envers les autres, compatissants, nous pardonnant réciproquement, comme Dieu nous a pardonnés en Christ (Ép 4.32). L'apôtre Paul nous exhorte tous en ces mots : « Ne nous lassons pas de faire le bien ; car nous moissonnerons au temps convenable, si nous ne nous relâchons pas. Ainsi donc, pendant que nous en avons l'occasion, pratiquons le bien envers tous, et surtout envers les frères en la foi » (Ga 6.9,10). Nous devons faire du bien aux autres, car ce faisant, nous imitons notre Père céleste qui est bon envers tous.

Le Dieu bon

Un jeune chrétien, pauvrement vêtu et portant des chaussures trouées, présentait l'Évangile à un homme qui ne croyait pas en Dieu. Quand ce jeune chrétien lui a parlé de la grâce et de la bonté de Dieu, l'athée a fait la remarque suivante : « Si Dieu est vraiment bon pour vous, pourquoi ne vous a-t-il pas envoyé de nouveaux vêtements et de nouvelles chaussures ? » Le garçon, réfléchissant un peu, lui a répondu : « Dieu est bon, et il a demandé à quelqu'un de me les donner, mais cette personne a oublié. » Quelle belle leçon ! C'est vrai, car généralement, Dieu nous utilise pour bénir les autres.

Nous devons agir avec bonté vis-à-vis même des non-chrétiens. Jésus nous lance le défi suivant :

> Mais moi, je vous dis : Aimez vos ennemis, bénissez ceux qui vous maudissent, faites du bien à ceux qui vous haïssent, et priez pour ceux qui vous maltraitent et qui vous persécutent, afin que vous soyez fils de votre Père qui est dans les cieux ; car il fait lever son soleil sur les méchants et sur les bons, et il fait pleuvoir sur les justes et sur les injustes. Si vous aimez ceux qui vous aiment, quelle récompense méritez-vous ? Les publicains n'agissent-ils pas de même ? Et si vous saluez seulement vos frères, que faites-vous d'extraordinaire ? Les païens n'agissent-ils pas de même ? Soyez donc parfaits, comme votre Père céleste est parfait (Mt 5.44-48).

L'apôtre Paul dit presque la même chose : « Mais si ton ennemi a faim, donne-lui à manger ; s'il a soif, donne-lui à boire ; car en agissant ainsi, ce sont des charbons ardents que tu amasseras sur sa tête. Ne te laisse pas vaincre par le mal, mais surmonte le mal par le bien » (Ro 12.20,21).

Enfin, *la bonté de Dieu devrait motiver chacun à se repentir de ses péchés, à croire en Christ pour son salut et à servir Dieu pour le reste de sa vie.* En examinant les multiples bienfaits de Dieu, nous devrions tous le servir avec fidélité. C'était le message de Paul aux Athéniens qui n'étaient pas même chrétiens :

Le Dieu qui a fait le monde et tout ce qui s'y trouve, étant le Seigneur du ciel et de la terre, n'habite point dans des temples faits de main d'homme; il n'est point servi par des mains humaines, comme s'il avait besoin de quoi que ce soit, lui qui donne à tous la vie, la respiration, et toutes choses. Il a fait que tous les hommes, sortis d'un seul sang, habitent sur toute la surface de la terre, ayant déterminé la durée des temps et les bornes de leur demeure; il a voulu qu'ils cherchent le Seigneur, et qu'ils s'efforcent de le trouver en tâtonnant, bien qu'il ne soit pas loin de chacun de nous, car en lui nous avons la vie, le mouvement, et l'être. C'est ce qu'ont dit aussi quelques-uns de vos poètes : De lui nous sommes la race… Ainsi donc, étant la race de Dieu, nous ne devons pas croire que la divinité soit semblable à de l'or, à de l'argent, ou à de la pierre, sculptés par l'art et l'industrie de l'homme. Dieu, sans tenir compte des temps d'ignorance, annonce maintenant à tous les hommes, en tous lieux, qu'ils ont à se repentir, parce qu'il a fixé un jour où il jugera le monde selon la justice, par l'homme qu'il a désigné, ce dont il a donné à tous une preuve certaine en le ressuscitant des morts… (Ac 17.24-31).

L'auteur américain Warren Wiersbe, dans son commentaire sur Actes 17, dit ce qui suit en parlant de la bonté de Dieu :

C'est Dieu qui nous donne ce dont nous avons besoin : « la vie, le souffle et toutes choses ». Il est la source de tout don parfait (Ja 1.17). Il nous a donné la vie et il alimente cette vie par sa bonté (Mt 5.45). C'est la bonté de Dieu qui devrait mener les hommes à la repentance (Ro 2.4) (Wiersbe, 2009, p. 56).

Voilà notre Dieu : il est bon. Proclamons à tous : « Louez l'Éternel, car il est bon, car sa miséricorde dure à toujours ! » (Ps 118.1.) Servons-le avec joie, fidélité, dévouement et consécration. Voulez-vous connaître ce bon Dieu ? Voulez-vous lui offrir votre vie ?

12

LE DIEU JUSTE

La justice et l'équité sont la base de ton trône. La bonté et la fidélité sont devant ta face.

– Psaumes 89.15

À toi, Seigneur, est la justice, et à nous la confusion de face, en ce jour, aux hommes de Juda, aux habitants de Jérusalem, et à tout Israël, à ceux qui sont près et à ceux qui sont loin, dans tous les pays où tu les as chassés à cause des infidélités dont ils se sont rendus coupables envers toi [...] L'Éternel a veillé sur cette calamité, et l'a fait venir sur nous ; car l'Éternel, notre Dieu, est juste dans toutes les choses qu'il a faites, mais nous n'avons pas écouté sa voix.

– Daniel 9.7,14

Quand nous disons que Dieu est juste, nous entendons qu'il est absolument juste. Il agit toujours avec justice et équité. Il fait toujours ce qui est droit et juste. L'auteur Paul Enns propose une bonne définition de la justice de Dieu :

> La justice de Dieu signifie que Dieu est entièrement correct et juste dans toutes ses actions envers l'humanité ; de plus, cette justice agit

en accord avec sa loi. La justice divine, par conséquent, est liée au péché de l'homme. Puisque la loi de Dieu est le reflet de la norme de Dieu, alors Dieu est juste lorsqu'il juge l'homme pour avoir violé sa loi (Enns, *op. cit.*, p. 200).

La plupart des serviteurs de Dieu ont parlé de la justice de Dieu. La prière de Daniel (Da 9.4-21) révèle qu'il avait bien compris la justice de Dieu. De même, le prophète Ésaïe a parlé de la justice de Dieu en ces termes : « Déclarez-le, et faites-les venir ! Qu'ils prennent conseil les uns des autres ! Qui a prédit ces choses dès le commencement, et depuis longtemps les a annoncées ? N'est-ce pas moi, l'Éternel ? Il n'y a point d'autre Dieu que moi, je suis le seul Dieu juste et qui sauve » (És 45.21). David a fait cette déclaration au sujet de la justice de Dieu : « L'Éternel est juste dans toutes ses voies » (Ps 145.17). Et Abraham, l'ami de Dieu, se demandait : « Celui qui juge toute la terre n'exercera-t-il la justice ? » (Ge 18.25.) La Bible dans son entièreté, Ancien et Nouveau Testaments, déclare que Dieu est juste. Thiessen écrit : « La justice et l'équité de Dieu, c'est l'aspect de la sainteté de Dieu que l'on voit dans sa façon de traiter ses créatures » (Thiessen, *op. cit.*, p. 98).

Nous vous invitons à adorer un Dieu juste. Pour une meilleure compréhension de la doctrine de la justice de Dieu, nous parlerons des catégories, des manifestations et des leçons apprises de la justice de Dieu.

A. Les catégories ou types de justice de Dieu

Puisque Dieu a imposé des lois justes à ses créatures, il leur a également associé des sanctions. Pour exécuter ces lois, il a utilisé deux types de justice : la justice rétributrice ou punitive et la justice rémunératrice.

1. La justice punitive ou rétributrice de Dieu

La justice punitive ou rétributrice de Dieu, c'est l'expression de sa colère. Notez que la colère de Dieu est aussi l'un de ses attributs. Dieu donne des lois et il exige que tous y obéissent. La désobéissance à ces lois entraîne des punitions ou châtiments de la part de Dieu. Notons comment la Bible présente cette justice de Dieu.

Dans Genèse 2.16,17, nous lisons : « L'Éternel Dieu donna cet ordre à l'homme : Tu pourras manger de tous les arbres du jardin ; mais tu ne mangeras pas de l'arbre de la connaissance du bien et du mal, car le jour où tu en mangeras, tu mourras certainement. » Le prophète Ezéchiel déclare : « Voici, toutes les âmes sont à moi ; l'âme du fils comme l'âme du père, l'une et l'autre sont à moi ; l'âme qui pèche, c'est celle qui mourra » (18.4). J. I. Packer écrit ce qui suit au sujet de la justice de Dieu :

> ... le principe de cette justice, qui révèle la nature de Dieu, est la rétribution : les hommes reçoivent ce qu'ils méritent. C'est là la responsabilité fondamentale de tout juge. Il est tout naturel pour Dieu de récompenser le bien par le bien et de punir le mal par le mal (Packer, *op. cit.*, p. 161).

Les Écritures contiennent de nombreuses références à la justice rétributrice de Dieu. En l'occurrence, ce texte de l'apôtre Paul :

> La colère de Dieu se révèle du ciel contre toute impiété et toute injustice des hommes qui retiennent injustement la vérité captive, car ce qu'on peut connaître de Dieu est manifeste pour eux, Dieu le leur ayant fait connaître [...] Et, bien qu'ils connaissent le jugement de Dieu, déclarant dignes de mort ceux qui commettent de telles choses, non seulement ils les font, mais ils approuvent ceux qui les font (Ro 1.18,19,32).

Dans sa lettre aux chrétiens de Thessalonique, Paul écrit également :

> Car il est de la justice de Dieu de rendre l'affliction à ceux qui vous affligent, et de vous donner, à vous qui êtes affligés, du repos avec nous, lorsque le Seigneur Jésus apparaîtra du ciel avec les anges de sa puissance, au milieu d'une flamme de feu, pour punir ceux qui ne connaissent pas Dieu et ceux qui n'obéissent pas à l'Évangile de notre Seigneur Jésus. Ils auront pour châtiment une ruine éternelle, loin de la face du Seigneur et de la gloire de sa force » (2 Th 1.6-9).

C'est une grave erreur de penser que Dieu ne punit pas ou ne punira pas la désobéissance et la rébellion.

2. La justice rémunératrice

Si Dieu punit ceux qui désobéissent à sa loi, il récompense aussi ceux qui y obéissent. C'est ce qu'on appelle la justice rémunératrice de Dieu. La justice rémunératrice est basée sur l'amour divin, et non strictement sur le mérite. Plusieurs textes des Écritures énoncent des déclarations au sujet de cette justice. Ainsi, nous lisons dans le Deutéronome :

> Ainsi, observe les commandements, les lois et les ordonnances que je te prescris aujourd'hui, et mets-les en pratique. Si vous écoutez ces ordonnances, si vous les observez et les mettez en pratique, l'Éternel, ton Dieu, gardera envers toi l'alliance et la miséricorde qu'il a jurées à tes pères. Il t'aimera, il te bénira et te multipliera ; il bénira le fruit de tes entrailles et le fruit de ton sol, ton blé, ton moût et ton huile, les portées de ton gros et de ton menu bétail, dans le pays qu'il a juré à tes pères de te donner (7.11-13).

Matthieu dit également :

> Celui qui avait reçu les cinq talents s'approcha, en apportant cinq autres talents, et il dit : Seigneur, tu m'as remis cinq talents ; voici, j'en ai gagné cinq autres. Son maître lui dit : C'est bien, bon et fidèle serviteur ; tu as été fidèle en peu de chose, je te confierai beaucoup ;

entre dans la joie de ton maître. Celui qui avait reçu les deux talents s'approcha aussi, et il dit : Seigneur, tu m'as remis deux talents ; voici, j'en ai gagné deux autres. Son maître lui dit : C'est bien, bon et fidèle serviteur ; tu as été fidèle en peu de chose, je te confierai beaucoup ; entre dans la joie de ton maître (Mt 25.20-24).

Dieu est toujours prêt à appliquer sa justice pour récompenser ceux qui lui obéissent. Cependant, la justice rémunératrice de Dieu est basée sur son amour, et non strictement sur le mérite.

Le passage de Romains 2.5-11 traite en même temps des deux types de justice de Dieu. Les versets 7 et 10 traitent de la justice rémunératrice de Dieu, et les versets 8 et 9 de sa justice rétributrice. Le Dieu que nous servons est juste. Il récompense les obéissants et punit les désobéissants.

B. Les manifestations de la justice de Dieu

Dieu est absolument et parfaitement juste. Il manifeste sa justice en toute circonstance. Premièrement, *il manifeste sa justice en punissant les criminels et les méchants*. La Bible nous dit que ces individus seront punis. Le psalmiste déclare :

> L'Éternel est dans son saint temple, l'Éternel a son trône dans les cieux ; ses yeux regardent, ses paupières sondent les fils de l'homme. L'Éternel sonde le juste ; il hait le méchant et celui qui se plaît à la violence. Il fait pleuvoir sur les méchants des charbons, du feu et du soufre ; un vent brûlant, c'est le calice qu'ils ont en partage. Car l'Éternel est juste, il aime la justice ; les hommes droits contemplent sa face (Ps 11.4-7).

Les jugements de la période de la Tribulation auront pour but de punir les rebelles. Dans Apocalypse 16, nous lisons ceci :

> Et j'entendis l'ange des eaux qui disait : Tu es juste, toi qui es, et qui étais ; tu es saint, parce que tu as exercé ce jugement. Car ils ont versé le sang des saints et des prophètes, et tu leur as donné du sang à boire : ils le méritent. Et j'entendis un autre ange qui, de l'autel disait : Oui, Seigneur Dieu tout-puissant, tes jugements sont véritables et justes (16.5-7).

La plus grande punition sera l'enfer éternel réservé à tous ceux qui refusent de se repentir et de croire en Christ (Ap 20.10,15).

Deuxièmement, *Dieu manifeste sa justice en défendant son peuple contre les méchants.* C'est Dieu qui défend ses enfants contre les méchants. Si Dieu n'était pas notre défenseur, nous serions tous éliminés. Dans Psaumes 129.1-6, nous lisons :

> Ils m'ont assez opprimé dès ma jeunesse, qu'Israël le dise ! Ils m'ont assez opprimé dès ma jeunesse, mais ils ne m'ont pas vaincu. Des laboureurs ont labouré mon dos, ils y ont tracé de longs sillons. L'Éternel est juste : il a coupé les cordes des méchants. Qu'ils soient confondus et qu'ils reculent, tous ceux qui haïssent Sion ! Qu'ils soient comme l'herbe des toits, qui sèche avant qu'on l'arrache !

Troisièmement, *Dieu manifeste sa justice en pardonnant les péchés de ceux qui se repentent.* Il est écrit dans 1 Jean 1.9 : « Si nous confessons nos péchés, il est fidèle et juste pour nous les pardonner, et pour nous purifier de toute iniquité. » Comment expliquer la justice d'un Dieu qui nous pardonne pour le salut ? Comment un Dieu juste peut-il pardonner le pécheur ? L'explication consiste en ce que Jésus-Christ a pris la place des pécheurs et a souffert pour eux sur la croix. Ce principe est énoncé en toutes lettres dans 2 Corinthiens 5.21 : « Celui qui n'a point connu le péché, il l'a fait devenir péché pour nous, afin que nous devenions en lui justice de Dieu. » C'est également la compréhension de Warren Wiersbe dans son commentaire sur l'épître aux Romains où il écrit :

Un Dieu d'amour veut pardonner aux pécheurs, mais un Dieu saint doit punir le péché et maintenir sa loi. Comment Dieu peut-il, en même temps, « être juste et justifier » ? La réponse est en Jésus-Christ. Lorsque Jésus a subi la colère de Dieu en souffrant sur la croix pour les péchés du monde, il a totalement répondu aux exigences de la loi de Dieu et il a aussi parfaitement exprimé l'amour débordant de son cœur (Wiersbe, 2013, p. 35).

Quatrièmement, *Dieu manifeste aussi sa justice en respectant ses promesses faites à ses enfants.* Dieu garde sa parole. Il est juste. Dans Néhémie 9, nous lisons :

C'est toi, Éternel Dieu, qui as choisi Abram, qui l'as fait sortir d'Ur en Chaldée, et qui lui as donné le nom d'Abraham. Tu trouvas son cœur fidèle devant toi, tu fis alliance avec lui, et tu promis de donner à sa postérité le pays des Cananéens, des Héthiens, des Amoréens, des Phéréziens, des Jébusiens et des Guirgasiens. Et tu as tenu ta parole, car tu es juste (Né 9.7,8).

Les auteurs de la Bible témoignent de la justice de Dieu.

Cinquièmement, *Dieu a manifesté sa justice en récompensant les fidèles ou les justes.* L'Éternel montre sa justice en récompensant ceux qui lui sont fidèles et qui lui obéissent. Trois textes du Nouveau Testament le démontrent avec une évidence irréfutable :

J'ai combattu le bon combat, j'ai achevé la course, j'ai gardé la foi. Désormais la couronne de justice m'est réservée ; le Seigneur, le juste juge, me la donnera dans ce jour-là, et non seulement à moi, mais encore à tous ceux qui auront aimé son avènement (2 Ti 4.7,8).

Car Dieu n'est pas injuste pour oublier votre travail et l'amour que vous avez montré pour son nom, ayant rendu et rendant encore des services aux saints (Hé 6.10).

Ainsi, mes frères bien-aimés, soyez fermes, inébranlables, travaillant de mieux en mieux à l'œuvre du Seigneur, sachant que votre travail ne sera pas vain dans le Seigneur (1 Co 15.58).

Notre Dieu est juste, et il révèle sa justice en punissant les criminels, en défendant ses enfants contre les méchants, en pardonnant les péchés de ceux qui se repentent, en respectant ses promesses et en récompensant ses enfants fidèles. Adorons ce Dieu juste !

C. Les leçons apprises de la justice de Dieu

La doctrine de la justice de Dieu nous enseigne plusieurs leçons. Premièrement, *la justice de Dieu est un encouragement pour les chrétiens*. Elle nous encourage pour les trois raisons suivantes : (1) Dieu juge toujours avec justice (Ac 17.31) ; (2) les chrétiens sont en sécurité dans la justice de Dieu en Jésus-Christ (2 Co 5.21) ; (3) les œuvres justes des chrétiens ne passeront pas inaperçues (Hé 6.10 ; Ap 19.8 ; Pr 19.17).

Deuxièmement, *parce que Dieu est juste, nous devons être justes et pratiquer la justice dans toutes nos œuvres*. La pureté, la moralité, l'intégrité, l'honnêteté, la fiabilité, le sérieux devraient caractériser notre vie chrétienne. Nous devons éviter tout type de corruption. L'apôtre Jean nous dit : « Quiconque est né de Dieu ne pratique pas le péché, parce que la semence de Dieu demeure en lui ; et il ne peut pécher, parce qu'il est né de Dieu. C'est par là que se font reconnaître les enfants de Dieu et les enfants du diable. Quiconque ne pratique pas la justice n'est pas de Dieu, ni celui qui n'aime pas son frère » (1 Jn 3.9,10).

Troisièmement, *parce que Dieu est juste, nous devons pratiquer l'impartialité*. Jacques nous exhorte à traiter tout le monde de la même manière. Nous ne devons pas accepter les autres selon leur apparence. Il écrit :

Mes frères, que votre foi en notre glorieux Seigneur Jésus-Christ soit exempte de tout favoritisme. Supposez, en effet, qu'il entre dans votre assemblée un homme avec un anneau d'or et un habit magnifique, et qu'il y entre aussi un pauvre misérablement vêtu ; si, tournant vos regards vers celui qui porte l'habit magnifique, vous lui dites : Toi, assieds-toi ici à cette place d'honneur ! et si vous dites au pauvre : Toi, tiens-toi là debout ! ou bien : Assieds-toi au-dessous de mon marchepied ! ne faites vous pas en vous-mêmes une distinction, et n'êtes-vous pas des juges aux pensées mauvaises ? (Ja 2.1-4.)

Quatrièmement, *parce que Dieu est juste, nous devons respecter nos paroles, nos engagements, nos contrats, nos promesses.* Si nous ne gardons pas nos paroles, nous ne ressemblons pas à notre Père, et il peut nous châtier pour notre manque de fidélité.

Cinquièmement, *parce que Dieu est juste, nous devons être prêts à pardonner à ceux qui nous offensent.* Dieu est prêt à pardonner à tous ceux qui lui confessent sincèrement leurs péchés. Dans son enseignement sur la prière, Jésus dit à ses disciples : « Si vous pardonnez aux hommes leurs offenses, votre Père céleste vous pardonnera aussi ; mais si vous ne pardonnez pas aux hommes, votre Père ne vous pardonnera pas non plus vos offenses » (Mt 6.14,15).

Sixièmement, *parce que Dieu est juste, nous devons faire de notre mieux pour lui obéir et faire de bonnes œuvres.* Puisque Dieu punit ceux qui lui désobéissent et qu'il récompense ceux qui lui obéissent, il nous est avantageux de plaire à Dieu par de bonnes œuvres. Dans Matthieu 5.16, il est écrit : « Que votre lumière luise ainsi devant les hommes, afin qu'ils voient vos bonnes œuvres, et qu'ils glorifient votre Père qui est dans les cieux. »

Septièmement, *la doctrine de la justice de Dieu devrait nous encourager à être très reconnaissants à Dieu pour notre justification en Jésus-Christ.* Paul nous dit que « tous ont péché et sont privés de la gloire de Dieu ; et ils sont gratuitement justifiés par sa grâce, par le moyen de la rédemption qui est en Jésus-Christ » (Ro 3.23,24).

Enfin, huitièmement, *la doctrine de la justice de Dieu devrait motiver tous les non-convertis à se repentir de leurs péchés et à croire en Christ aujourd'hui même*. La Bible déclare que le jour du salut est aujourd'hui même. « Car il dit : Au temps favorable je t'ai exaucé, au jour du salut je t'ai secouru. Voici maintenant le temps favorable, voici maintenant le jour du salut » (2 Co 6.2).

L'auteur de l'épître aux Hébreux rappelle à juste titre : « Car, si la parole annoncée par des anges a eu son effet, et si toute transgression et toute désobéissance a reçu une juste rétribution, comment échapperons-nous en négligeant un si grand salut ? Le salut annoncé d'abord par le Seigneur, nous a été confirmé par ceux qui l'ont entendu » (Hé 2.2,3). S'ils ne sont pas convertis, ils seront condamnés à l'enfer éternel. Jean a écrit : « Mais pour les lâches, les incrédules, les abominables, les meurtriers, les débauchés, les magiciens, les idolâtres, et tous les menteurs, leur part sera dans l'étang ardent de feu et de soufre, ce qui est la seconde mort » (Ap 21.8).

Notre Dieu est juste. Efforçons-nous de servir ce Dieu juste avec fidélité. Si vous ne le connaissez pas encore, nous vous encourageons à vous tourner vers lui aujourd'hui en acceptant Jésus-Christ comme votre Seigneur et Sauveur.

CONCLUSION

Le Dieu de la Bible s'est révélé aux hommes dans les pages des Écritures. Parmi les différentes qualités révélées au sujet de Dieu, nous avons considéré dans ce livre le fait que Dieu est omniscient, omnipotent, omniprésent, immuable, saint, souverain, amour, gracieux, bon, fidèle et juste. La Bible témoigne à maintes reprises de ces attributs de Dieu.

Il est possible, pour tous ceux qui le cherchent avec sincérité, de connaître ce Dieu révélé. Tous ceux qui le connaissent à travers Jésus-Christ ont la vie éternelle. L'apôtre Jean nous dit : « Or, la vie éternelle, c'est qu'ils te connaissent, toi, le seul vrai Dieu, et celui que tu as envoyé, Jésus-Christ » (Jn 17.3). En effet, il veut cultiver une relation personnelle avec chaque homme et chaque femme. Si vous connaissez déjà personnellement ce Dieu, vous avez choisi le seul vrai Dieu de l'univers, comme Jean l'énonce clairement : « Nous savons aussi que le Fils de Dieu est venu, et qu'il nous a donné l'intelligence pour connaître le Véritable ; et nous sommes dans le Véritable, en son Fils Jésus-Christ. C'est lui qui est le Dieu véritable, et la vie éternelle » (1 Jn 5.20).

Si vous ne connaissez pas encore personnellement le Dieu qui s'est révélé dans la Bible, nous vous encourageons à le faire aujourd'hui même en *vous repentant de vos péchés* (Ac 2.38 ; 3.19) et *en plaçant votre foi en Jésus-Christ seul* (Jn 3.16 ; 5.24 ; Ac 16.31 ; Ro 10.9). Notre prière pour vous est que vous puissiez avoir une relation personnelle avec Dieu. Vous pouvez décider en ce moment même de devenir un vrai adorateur du grand Dieu Créateur. Nous vous supplions d'accepter l'invitation du psalmiste :

> Venez, chantons avec allégresse à l'Éternel ! Poussons des cris de joie vers le rocher de notre salut. Allons au-devant de lui avec des louanges, faisons retentir des cantiques en son honneur ! Car l'Éternel est un grand Dieu, il est un grand roi au-dessus de tous les dieux. Il tient dans sa main les profondeurs de la terre, et les sommets des montagnes sont à lui. La mer est à lui, c'est lui qui l'a faite ; la terre aussi, ses mains l'ont formée. Venez, prosternons-nous et humilions-nous, fléchissons le genou devant l'Éternel, notre créateur ! Car il est notre Dieu, et nous sommes le peuple dont il est le berger, le troupeau que sa main conduit... Oh ! si vous pouviez écouter aujourd'hui sa voix ! N'endurcissez pas votre cœur... (Ps 95.1-8*a*.)

BIBLIOGRAPHIE

DEVER, Mark, *Nine Marks of a Healthy Church*, Wheaton, Crossway Books, 2008, 287 p.

DEVER, Mark, *L'Église : un bilan de santé*, Montréal, Éditions SEMBEQ, 2004, 124 p.

ENNS, Paul, *Introduction à la théologie*, Trois-Rivières, Éditions Impact, 2009, 783 p.

JEREMIAH, David, *Knowing the God You Worship*, San Diego, Turning Point for God, 2004, 125 p.

JEREMIAH, David, *Captured by Grace*, San Diego, Turning Point for God, 2005, 125 p.

JEREMIAH, David, *The Jeremiah Study Bible*, États-Unis, Worthy Publishing, 2013, 2141 p.

JEREMIAH, David, *God Loves You – He Always Has, He Always Will*, San Diego, Turning Point for God, 2016, 141 p.

KNIGHT, Walter B., *Knight's Master Book of 4,000 Illustrations*, Grand Rapids, Wm. B. Eerdmans Publishing Co., 1956, 760 p.

MACARTHUR, John, *La Sainte Bible avec commentaires de John MacArthur*, Genève, Société biblique de Genève, 1979, 2302 p.

MACARTHUR, John, *La passion du Livre*, Belgique, Éditeurs de littérature biblique, 2000, 182 p.

MACARTHUR, John, *Commentaires sur le Nouveau Testament – Les Épîtres de Paul*, Trois-Rivières, Éditions Impact, 2004, 1525 p.

MACARTHUR, John, *Matthieu, Tome 1*, Trois-Rivières, Éditions Impact, 2008, 772 p.

MACARTHUR, John, *Right Thinking in a World Gone Wrong*, Oregon, Harvest House Publishers, 2009, 260 p.

MACARTHUR, John, *Les Épîtres générales et l'Apocalypse*, Trois-Rivières, Éditions Impact, 2010, 1375 p.

MACARTHUR, John, *Worship, the Ultimate Priority*, Chicago, Moody Publishers, 2012, 211 p.

MARSHALL, Howard I., *The Acts of the Apostles*, Grand Rapids, Wm. B. Eerdmans Publishing Company, 1980, 427 p.

MILLER, Darrow L., *Faites des nations mes disciples*, Suisse, Éditions Jeunesse en Mission, 2008, 310 p.

NOEBEL, David A., *Discerner le temps*, France, Édition Jean Fréderic Oberlin, 2003, 416 p.

PACKER, J. I., *Connaître Dieu*, Charols, France, Éditions Grâce et Vérité, 1994, 326 p.

RYDELNIK, Michael et Michael VANLANINGHAM, éd., *The Moody Bible Commentary*, Chicago, Moody Publishers, 2014, 2173 p.

RYRIE, Charles C., *Basic Theology*, Chicago, Moody Publishers, 1999, 655 p.

SPROUL, R. C., *Renouvelez vos repères*, Belgique, Éditeurs de Littérature Biblique, 2001, 223 p.

STRONG, Augustus H., *Systematic Theology*, Valley Forge, Judson Press, 1979, 1166 p.

SWINDOLL, Charles R., *The Living Insights Study Bible*, Grand Rapids, Zondervan Publishing House, 1996, 1606 p.

THIESSEN, Henry C., *Esquisse de théologie biblique*, Sherbrooke, Éditions Bethel, 1987, 500 p.

TOZER, A. W. *The Knowledge of the Holy*, États-Unis, Harper Collins Publishers, 1961, 120 p.

WIERSBE, Warren W., *Be Skillful*, Colorado Springs, Chariot Victor Publishing, 1995, 193 p.

WIERSBE, Warren W., *Meet yourself in the Psalms*, Wheaton, Ill., Victor Books, 1986, 140 p.

WIERSBE, Warren W., *Soyez authentiques*, Marpent, BLF Éditions, 2014, 189 p.

WIERSBE, Warren W., *Soyez fidèles*, Marpent, BLF Éditions, 2006, 249 p.

WIERSBE, Warren W., *Soyez audacieux*, Marpent, BLF Éditions, 2009, 221 p.

WIERSBE, Warren W., *Soyez justes*, Marpent, BLF Éditions, 2013, 211 p.

À PROPOS DE L'AUTEUR

SAINT-ANGE MONESTIME est le pasteur principal de l'Église Baptiste de l'Espoir du Cap-Haïtien (Haïti). En tant que conférencier, il anime des séminaires de formation sur l'évangélisation, l'éducation chrétienne et le leadership chrétien dans plusieurs Églises évangéliques en Haïti et à l'étranger. Il est à la fois professeur et président du Séminaire Théologique Biblique de l'Espoir du Cap-Haïtien (STBEC). Son ministère inclut aussi des émissions de prédication à la radio et à la télévision. Le pasteur Monestime est détenteur d'une licence en ministère pastoral du *Berean Evangelical Theological Seminary* (Haïti), d'une maîtrise en religion, d'une maîtrise en ministère pastoral et d'un doctorat en philosophie (concentration en éducation chrétienne) du *Bethany Divinity Seminary* (États-Unis).

PASTEUR JOHN PIPER VOUS RÉPOND présente les réponses que le pasteur John Piper donne à des questions théologiques et pastorales difficiles. Ce podcast, créé en partenariat avec **DESIRING GOD**, vous est offert par **REVENIR À L'ÉVANGILE**, un blog et un ministère de **PUBLICATIONS CHRÉTIENNES**.

Pasteur John répondra à deux questions chaque semaine. Vous pourrez entendre ses réponses sur notre blog, Facebook, Youtube, Apple Itunes Store et sur l'appareil que vous utilisez pour écouter des podcasts.

REVENIR À L'ÉVANGILE

www.reveniralevangile.com

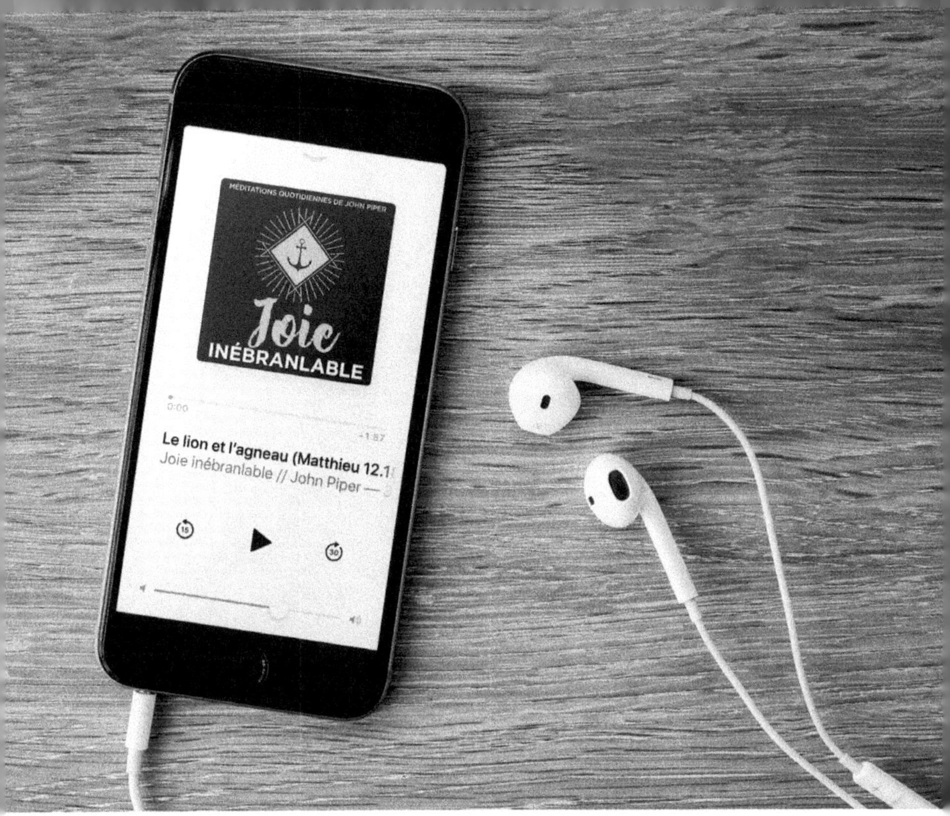

REVENIR À L'ÉVANGILE et **PUBLICATIONS CHRÉTIENNES**, en partenariat avec **DESIRING GOD**, ont le plaisir de vous offrir gratuitement les méditations quotidiennes **JOIE INÉBRANLABLE** de John Piper.

Ces méditations brèves et profondes alimenteront votre joie en Jésus chaque jour de l'année. À cette fin, Desiring God a choisi 365 extraits tirés des 30 ans de ministère de John Piper. Chacun de ces extraits a été spécialement choisi et adapté pour pouvoir être diffusé sur notre podcast. Le but est que vous puissiez vous y plonger tous les jours et rapidement en ressortir avec quelque chose d'inébranlable qui alimente votre joie en Dieu.

www.reveniralevangile.com

POUR ALLER PLUS LOIN

CONNAÎTRE CHRIST

MARK JONES

Mark Jones, un spécialiste reconnu de la pensée puritaine, partage tout comme les puritains un amour pour Christ et la Parole de Dieu. Dans ce livre, il présente la personne et la gloire de notre Sauveur en s'appuyant sur des vérités bibliques profondes et vivifiantes. Voici un livre qui enrichira nos âmes du XXIe siècle et qui nous conduira dans l'adoration.

5,5 x 8,5 po | broché | 314 pages
978-2-924895-00-9

L'ÉVANGILE DE JÉSUS-CHRIST

PAUL WASHER

Si vous êtes intéressé à connaître les fondements de l'Évangile ou si vous connaissez quelqu'un qui désire en savoir plus au sujet de Jésus-Christ, cette présentation simple et succincte de la plus grande nouvelle que le monde ait jamais entendue est exactement ce dont vous avez besoin.

5 x 7 po | broché | 59 pages
978-2-89082-353-2

Publications Chrétiennes est une maison d'édition évangélique qui publie et diffuse des livres pour aider l'Église dans sa mission parmi les francophones. Ses livres encouragent la croissance spirituelle en Jésus-Christ, en présentant la Parole de Dieu dans toute sa richesse, ainsi qu'en démontrant la pertinence du message de l'Évangile pour notre culture contemporaine.

Nos livres sont publiés sous six différentes marques éditoriales qui nous permettent d'accomplir notre mission :

Nous tenons également un blogue qui offre des ressources gratuites dans le but d'encourager les chrétiens francophones du monde entier à approfondir leur relation avec Dieu et à rester centrés sur l'Évangile.

reveniralevangile.com

Procurez-vous nos livres en ligne ou dans la plupart des librairies chrétiennes.

pubchret.org | xl6.com | maisonbible.net | amazon

www.ingramcontent.com/pod-product-compliance
Lightning Source LLC
Chambersburg PA
CBHW071706090426
42738CB00009B/1678